JN097944

教職課程
情報通信技術を活用した
教育の理論および方法

西野和典 [編著]

鹿野利春・佐藤万寿美・高橋参吉・高橋朋子・西端律子 [著]

実教出版

はじめに

　21 世紀の高度に情報化された社会で活躍する子どもたちを育成するには，学校教育の情報化は欠かせません。2019 年 12 月，文部科学省は，子どもたち一人ひとりに個別最適化され，創造性を育むための ICT 環境の実現に向けて GIGA（Global and Innovation Gateway for All）スクール構想を発表しました。2024 年度までには，全国のほぼすべての小・中・高等学校で「1 人 1 台端末」での教育環境が実現します。

　学校教育の情報化が進む中，中央教育審議会では，2021 年 1 月，『「令和の日本型学校教育」の構築を目指して～全ての子供たちの可能性を引き出す，個別最適な学びと，協働的な学びの実現～（答申）』を発表しました。この答申では，教職を目指す学生は ICT（情報通信技術）を活用する指導力を体系的に身に付ける必要があるとして，「各教科の指導法における ICT の活用について修得する前に，各教科に共通して修得すべき ICT 活用指導力を総論的に修得できるように新しく科目を設けること」について検討し，速やかに制度改正を行うよう求めました。

　この答申にしたがって，2021 年 8 月に教育職員免許法施行規則の一部が改正され，小・中・高等学校の教諭の普通免許状授与の資格を得るには，「道徳，総合的な学習の時間等の指導法及び生徒指導，教育相談等に関する科目」の「教育の方法及び技術（情報機器及び教材の活用を含む。）」を，「教育の方法及び技術」と「情報通信技術を活用した教育の理論及び方法」の 2 つに分け，「情報通信技術を活用した教育の理論及び方法」は 1 単位以上修得することが示されました。また，2017 年に定めた「教職課程コアカリキュラム」に，「情報通信技術を活用した教育の理論及び方法」のコアカリキュラムが追加され（→付録 1），2022 年 4 月に大学へ入学する学生から，この内容を必修で修得することが求められています。

　小・中・高等学校の教職課程を設置している各大学では，「情報通信技術を活用した教育の理論及び方法」（1 単位以上）の内容を実施する科目を新設する，あるいは，既存の科目にこの内容を 1 単位以上組み込んで実施するよう教職課程のカリキュラムが改訂されています。本書は，p.4 ～ p.5 に示すように，この「情報通信技術を活用した教育の理論及び方法」のコアカリキュラムに沿った内容を，1 単位（8 コマ）で学ぶことができるようにまとめた教科書です。

　本書は 8 章立てで構成され，情報通信技術（ICT）を活用した教育の「理論」と，その理論に照らして，小・中・高等学校別にどう実現するかを説明する「方法」をバランスよく取り上げています。また，可能な限り ICT を活用する授業や校務がイメージできるように，実践例や図表を示しながら，これから教員を目指す学生にわかりやすく説明しています。さらに，

ICTを苦手としている学生にも理解できるように，ICTの専門的な知識を前提にする記述は避けて，ICTの基本的な特性や機能をどのように学校教育に活かしていくかの観点を重視してまとめています。また，必要に応じて，本文の説明を補足する注釈やコラムを入れ，章末問題を設けて学習したことを確認できるようにするなど，学生の学びをガイドできるように工夫しています。

　なお，本書を教職課程の授業で便利かつ有効に使用していただくために，p.5に示すように，Webサイトを設けています。本書のテキストデータや授業用スライドをはじめ，本書を用いた授業シラバスの事例，紙面の都合上掲載が難しかった実践事例の紹介や，本授業を進めるにあたって参考になるWebページの情報などを提供いたします。

　教職を目指す学生が，本書を使って「情報通信技術を活用した教育の理論及び方法」を修得し，将来，学校の現場でICTを効果的に授業や校務に活用していくことができるようになることを願っています。

2022年11月

太成学院大学 教授　西野 和典

本書の章立てと「情報通信技術を活用した教育の理論及び方法」のコアカリキュラムとの対応

章タイトル	コアカリキュラム（到達目標）との対応
1章 教育の情報化	（1）情報通信技術の活用の意義と理論 1）社会的背景の変化や急速な技術の発展も踏まえ，個別最適な学びと協働的な学びの実現や，主体的・対話的で深い学びの実現に向けた授業改善の必要性など，情報通信技術の活用の意義と在り方を理解している。
2章 情報活用能力の育成	（3）児童及び生徒に情報活用能力（情報モラルを含む。）を育成するための指導法 1）各教科，道徳，特別活動，総合的な学習の時間（以下「各教科等」という。）において，横断的に育成する情報活用能力（情報モラルを含む。）について，その内容を理解している。 2）情報活用能力（情報モラルを含む。）について，各教科等の特性に応じた指導事例を理解し，基礎的な指導法を身に付けている。 3）児童に情報通信機器の基本的な操作を身に付けさせるための指導法を身に付けている。
3章 ICTを活用した教材開発と指導法	（2）情報通信技術を効果的に活用した学習指導や校務の推進 1）育成を目指す資質・能力や学習場面に応じた情報通信技術を効果的に活用した指導事例（デジタル教材の作成・利用を含む。）を理解し，基礎的な指導法を身に付けている。
4章 教育データを活用した評価	（2）情報通信技術を効果的に活用した学習指導や校務の推進 2）学習履歴（スタディ・ログ）など教育データを活用して指導や学習評価に活用することや教育情報セキュリティの重要性について理解している。
5章 情報モラル教育	（3）児童及び生徒に情報活用能力（情報モラルを含む。）を育成するための指導法 2）情報活用能力（情報モラルを含む。）について，各教科等の特性に応じた指導事例を理解し，基礎的な指導法を身に付けている。
6章 ICTを活用した特別支援教育	（1）情報通信技術の活用の意義と理論 2）特別の支援を必要とする児童及び生徒に対する情報通信技術の活用の意義と活用に当たっての留意点を理解している。

7章 校務の情報化とICT環境の整備	（2）情報通信技術を効果的に活用した学習指導や校務の推進 4）統合型校務支援システムを含む情報通信技術を効果的に活用した校務の推進について理解している。
	（1）情報通信技術の活用の意義と理論 3）ICT支援員などの外部人材や大学等の外部機関との連携の在り方，学校におけるICT環境の整備の在り方を理解している。
8章 遠隔・オンライン教育	（2）情報通信技術を効果的に活用した学習指導や校務の推進 3）遠隔・オンライン教育の意義や関連するシステムの使用法を理解している。

【編著・執筆分担】

■編修・執筆

西野　和典（第1章，第7章7-3，7-4）

■執筆

鹿野　利春（第4章，第7章7-1，7-2）

佐藤　万寿美（第3章3-1，3-2-3，3-3-1，第5章5-2-2，5-3，第8章8-2-2）

高橋　参吉（第5章5-1，5-2-1，第8章8-1，8-2-1）

高橋　朋子（第2章2-3，第3章3-2-1，3-2-2，3-3-2）

西端　律子（第2章2-1，2-2，第6章）

※括弧内は執筆箇所，所属については奥付参照。

【商標について】

　本書に掲載された社名および製品名は，各社の商標または登録商標です。本文では，それぞれ，™，® マークを付けておりませんが，これらを一般名詞として使用する意図はありません。

【関連データのダウンロード】

　本書の関連データがWebサイトからダウンロードできます。

　https://www.jikkyo.co.jp/

の「書籍・ダウンロード検索」で「情報通信技術を活用した教育の理論および方法」を検索してください。

目次　CONTENTS

※本書中に上付き文字で示している注番号「1）2）…」は，各章末に掲載の参考文献の番号に対応している。

第 1 章 ● 教育の情報化

この章では，情報技術の発展で変動していく社会で生きる子どもたちに求められる能力について考え，主体的・対話的で深い学びの実現に資する情報通信技術の活用など，教育の情報化の意義や在り方について学ぶ。

1節 | 情報社会に求められる能力

1. 情報社会の進展と教育の情報化

21 世紀に入り，**情報通信技術**（**ICT**：Information and Communication Technology）は，政治・経済，教育・文化，医療・福祉など，社会のあらゆる側面で重要な役割を果たすようになってきた。ICT は，企業活動から人々の暮らしまで，全ての社会活動を支える基盤としての役割を担うだけでなく，**人工知能**（**AI**：Artificial Intelligence），**IoT**※1（Internet of Things），**ビッグデータ**などの新しい技術を有効に活用することによって，産業や社会の進化と革新，社会的課題の解決が期待されている。

ICT の革新やそれによって生じる時代の変化の中で，今後，子どもたちがよりよい社会を築き，充実した人生を送るには，ICT を主体的に仕事や生活に活用する資質・能力の育成が求められる。さらに，ICT を基盤に教育を変革することによって，これまでできなかった高度な教育の実現や，困難な教育課題の克服が期待されている。

人類の歴史を紐解くと，図 1-1 に示すように，狩猟社会から農耕社会へ，農耕社会から産業革命を経て工業社会へ，工業社会から情報化の進展で情報社会へと変遷し，さらに，AI 等の革新的な情報技術によって実現する新しい社会（**Society5.0**）へと変わりつつある。それぞれの社会は，その社会の基盤となる**社会的技術**によって支えられている。工業社会は，数学や物理学など自然科学を応用する工業技術が基盤となり，情報社会は，コンピュータやインターネットなどの ICT が基盤となる。また，工業技術が農業の生産性を高めたように，ICT は，農業や工業を進化させ変革をもたらす。例えば，工業社会の産物である自動車は，ICT によって自動運転車へと進化する。このように，ICT はあらゆる産業に影響を与え，その変化や進化を引き起こす。

19 世紀の半ば，日本は，工業化を果たした欧米諸国に追いつくために，明治維新で学校教育を近代化するとともに理数教育に力を入れ，工業社会を支える人材の育成に力を注いだ。その結果，日本は戦後まもなく，工業の発展によって高度経済成長を遂げ，人々の暮らしは豊かになった。日本が経済成長に沸き立つ 20 世紀の後半，欧米の先進国では，工業社会から情報

※1　IoT とは，あらゆる物に通信機能を持たせてインターネットに接続し，相互に通信を行う環境をいう。

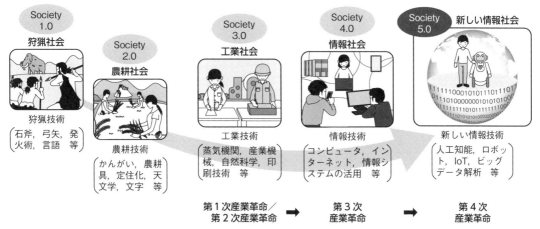

図 1-1　社会の変遷と基盤となる技術 [1) 2)]

社会へのシフトを加速させ，ICT を産業の基盤に据えるための施策や人材育成に力を注いだ。日本においても，1980 年代あたりから学校にパソコンを導入するなど，教育の情報化の動きが始まったが，ICT の先進国と比較すると，産業全体の情報化や情報化を支える人材の育成は進んでいない[※2]。

　産業界では，ICT の革新やグローバル化による社会の激しい変化に対応するため，**DX**（Digital Transformation）が求められている。DX は，デジタル技術が引き起こす変化であり，人々の生活の全ての局面に影響を及ぼす[3)] と言われている。経済産業省では，DX を「企業がビジネス環境の激しい変化に対応し，データとデジタル技術を活用して，顧客や社会のニーズを基に，製品やサービス，ビジネスモデルを変革するとともに，業務そのものや，組織，プロセス，企業文化・風土を変革し，競争上の優位性を確立すること」[4)] と説明し，ICT を基盤にした企業経営の変革を求めている。ICT を産業の効率化や問題解決の手段として利活用する従来の情報化とは異なり，DX は ICT を産業と一体化させて問題発見や価値創造を行い，ビジネスモデル自体を変革させる動きであり，世界中で広まりつつある。

　教育もまた同様である。教育の情報化は，単に紙の教科書をデジタルに置き換えたり，校務をコンピュータで処理したりすることが真の目的ではない。児童生徒に対して，個別最適化された学びと協働的な学びを実現したり，ICT で教員の働き方改革を進めたり，特別の配慮を必要とする児童生徒に対してよりよい教育を保障したりするなど，これまで困難であった教育の実現や教育的課題の解決を目的として教育の情報化は進められている。

2.　これからの社会に求められる能力

　子どもたちが生きる Society5.0 の新しい情報社会とは，どのような社会であろうか。パソコンやスマートフォンなどの情報端末だけでなく，あらゆる物がインターネットに接続する IoT の環境が整い，そのような環境で収集した多様で膨大なデータ（ビッグデータ）を収集・

※2　IMD（経営開発国際研究所）によるデジタル競争力ランキング 2022 では，日本は 63 か国中 29 位である。特に，デジタル／技術スキルでは 62 位であり，ICT の知識や技能スキルを身に付ける教育は急務である。

解析して現実社会の問題解決を実現する。例えば，

・ビッグデータを活用することにより，新たな価値が生まれる社会

・様々な技術革新により，過疎や少子高齢化などの課題に対応できる社会

・AIにより必要な情報が必要な時に個人に最適化された形で提案・供給される社会

・ロボットや自動車の自動運転などの技術により，人の可能性が広がる社会

このような社会の到来が予想されている。

　一方で，ICTとグローバル化の急速な進展がもたらす社会の変化は目まぐるしく，将来の予測が困難な時代になってきた。今後，産業のDXが進み，新しい産業や職業が次々と創出されていき，私たちの生活や働く環境が劇的に変化していくことが予想される。また，AIやロボット技術が進化し，単純作業や定型的な仕事の多くをAIやロボットが代替するようになり，日本の労働人口の約半数が，将来，技術的にはAI等で代替可能になると言われている[5]。したがって，子どもたちには，社会が変化する中でも充実した人生を送るために，AIでは代替できないような資質・能力，すなわち，高度な判断，新たな発想や創造性を育むなど，**未来の創り手**となるために必要な資質・能力の育成が求められている。

　未来の創り手となるための資質・能力とは，どのようなものになるであろうか。予測が難しい21世紀の変動社会に求められる資質・能力に関する研究が行われている。情報や情報技術とのかかわりを中心に，そのいくつかを紹介する。

1）Education 2030 プロジェクト

　国際機関であるOECD（経済協力開発機構）が2030年の教育を展望する「教育とスキルの未来2030」（Future of Education and Skills 2030）プロジェクトでは，「OECD学びの羅針盤2030」[6]において，学習者は各自，より良い未来の創造に向けた変革を起こす**コンピテンシー**を備える必要があり，変革を起こすコンピテンシーは，単に知識やスキルの習得にとどまらず，不確実な状況における複雑な要求に対応するための態度及び価値（意欲，信頼，多様性や美徳の尊重など）の活用を含む概念としている。一方，OECDが組織したDeSeCo（Definition and Selection of Competencies）プロジェクトは2003年の最終報告[7]で次の3つのキー・コンピテンシー（基盤能力）を示した。

・社会・文化的，技術的ツールを相互作用的に活用する能力

・多様な社会グループにおける人間関係形成能力

・自律的に行動する能力

これに加えて，Education 2030 プロジェクトでは，変革を起こすコンピテンシーとして「新たな価値を創造する力」「対立やジレンマを克服する力」「責任ある行動をとる力」の3つを挙げている。また，このプロジェクトでは，学生が自分の人生や周りの世界に対してポジティブな影響を与えうる能力と意志を持ち，変革を起こすために目標を設定し，振り返りながら責任ある行動をとる能力を「**学生エージェンシー**（Student Agency）」と呼び，この学生エージェンシーやコンピテンシーを発揮するためにも，データ・リテラシー（データ活用・解析能力）やデジタル・リテラシー（デジタル機器・機能活用能力）は，読み書きや数学的リテラシーとともに，2030年に必要とされる学びの中核的な基盤能力と位置付けている。

さらに，より良い暮らしを目指す**ウェルビーイング**（Well-being）は，単に仕事，収入，住居などの経済的な要因だけでなく，健康状態，ワークライフバランス，教育，コミュニティ，市民参加，環境，安心・安全，幸福感など生活の質の要因が含まれている。また，個人のウェルビーイングの実現は，自然，人間，経済，社会など全体に関わる様々な資本に影響を受け，また影響を与えている。このようなウェルビーイングを実現するために求められるコンピテンシーは，見通し（Anticipation），行動（Action），振り返り（Reflection）の連続した学習の過程を通じて育成されると述べている。

2）21世紀スキル

　ATC21S（Assessment & Teaching of 21st Century Skills）のプロジェクト[8]は，21世紀に求められる基本的なスキルを4つのカテゴリーに分類している。

・思考の方法（創造と変革，批判的思考・問題解決・意思決定，学び方を学ぶ・メタ認知）
・仕事の道具（情報リテラシー，ICTリテラシー）
・仕事の方法（コミュニケーション，コラボレーション）
・世界で生きる（市民性（地域と世界の視点），生活と職業，個人及び社会的責任）

　このように，情報やICTを活用するリテラシーは，生きる上で基盤となるスキルであり，21世紀では「仕事の道具」として必須であることを示している。

3）21世紀型能力

　国立教育政策研究所が提唱する21世紀型能力[9]は，図1-2で示すように，中心に「基礎力」があり，それを包含するように「思考力」，さらに「実践力」が位置付けられている。ICTの知識やスキルも生活の中で不可欠なリテラシーとなってきているとして，言語スキル，数量スキルに加えて情報スキルを「基礎力」の1つとして位置付けている。

　このように，情報やICTのスキルは，仕事の道具としての役割を果たすだけでなく，技術的ツールとして，問題解決や創造力などの思考力（認知的側面）や，自律的活動や人間関係形成などの実践力（社会的側面）を構築する基礎力と位置付けられ，情報やICTを扱うスキルの育成は，極めて重要な教育的課題である。

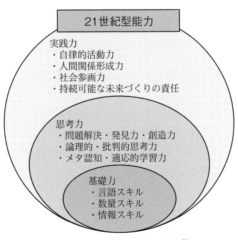

図1-2　21世紀型能力の構成 [9]

2節 | ICT 活用の意義と在り方

1. ICT の教育活用の在り方

ICT を学校教育において有効に活用するには，次の3つの観点を踏まえることが重要である。

・ICT は学びや指導の手段として使う。ICT を使うこと自体を目的化しない。

・ICT を活用して教育を効率的に実施したり，授業や学習を ICT を使って置き換えるという側面だけでなく，教員や子どもたちが日常的に ICT を活用することにより，図 1-3 のように，これまでの教育方法では実現が難しかった学びを実現するなど，教育の質の向上につなげる。

・ICT は学校教育の基盤的なツールであり，ICT の活用は，新しい時代に必要となる資質・能力の育成，「**個別最適な学び**」と「**協働的な学び**」の一体的な充実，「**主体的・対話的で深い学び**」の実現に向けた授業改善など，今日の教育的課題の解決に資する。そしてこのような教育的課題を解決することを目的に，2019 年度から **GIGA スクール構想**が進められている。

ICT環境の整備

個別に最適で効果的な学び / 時間・距離などの制約を取り払った学び

・子どもに応じたきめ細やかな指導の実践
・知識や技能の定着を助ける個別最適化されたドリル
・障害のある児童生徒への支援の充実

・遠隔地の子どもたちとの連携授業
・不登校や入院中の子どもに対する学習支援
・子どもたちの意見を即時共有する協働的な学び

全ての子どもたちの可能性を引き出す
個別最適な学びと協働的な学びの実現

校務の効率化〜事務を迅速かつ効率的に〜 / 教育データの利活用による知見の共有

次世代の学校・教育現場

・成績処理等の校務の自動化・効率化
・校内・教育委員会等とのデータ即時共有
・場所に制約を受けない教員研修

・学習の履歴等の教育データの分析による新たな知見の生成
・ベテラン教員から若手教員への教育の経験知の継承

文部科学省：「新時代の学びを支える先端技術活用推進方策（最終まとめ）」[10] 掲載の図を基に作成

図 1-3　ICT 環境を基盤とした先端技術・教育データを活用することの意義

◉COLUMN　**GIGA スクール構想**（→「7 章 3 節　ICT 環境の整備」で詳しく説明されている）

　文部科学省は，2019 年 12 月，子どもたち一人一人に個別最適化され，創造性を育む教育 ICT 環境の実現に向けて GIGA（Global and Innovation Gateway for All）スクール構想を発表した。個別最適な学びと協働的な学びを実現するため，児童生徒が使用する 1 人 1 台の PC 端末の整備，高速通信ネットワークの整備が国の財政支援で進められている。GIGA スクール構想は，PC やネットワークの整備に加えて，デジタル教科書・教材の活用，教育の情報化に関する手引や情報セキュリティポリシーの作成，Web サイトでの情報提供の整備，さらに，ICT 支援員や GIGA スクールサポーター等の外部人材の活用や教員研修など，指導の環境や体制の充実もセットで進められている。

2. 「主体的・対話的で深い学び」の実現と ICT 活用

1）「主体的・対話的で深い学び」の実現

　中央教育審議会答申（2016 年 12 月）[11] では，「何ができるようになるか」「何を学ぶか」の観点に加えて，「どのように学ぶか」の重要性を指摘している。社会で生きて働く知識や力（「何ができるようになるか」）を育むためには，学習の内容（「何を学ぶか」）とともに，学習の過程（「どのように学ぶか」）が重要な役割を果たす。答申では，この学習の過程において，学習内容を深く理解し，生涯にわたって能動的（アクティブ）に学び続けることができるように，「主体的・対話的で深い学び」に着目した。そしてこの「**主体的な学び**」，「**対話的な学び**」，「**深い学び**」を促進する手段として ICT の活用が期待されている。

・主体的な学び

学ぶことに興味や関心を持ち，自己のキャリア形成の方向性と関連付けながら，見通しを持って粘り強く取り組み，自己の学習活動を振り返って次につなげる「主体的な学び」が実現できているか。

・対話的な学び

子供同士の協働，教職員や地域の人との対話，先哲の考え方を手掛かりに考えること等を通じ，自己の考えを広げ深める「対話的な学び」が実現できているか。

・深い学び

習得・活用・探究という学びの過程の中で，各教科等の特質に応じた「見方・考え方」を働かせながら，知識を相互に関連付けてより深く理解したり，情報を精査して考えを形成したり，問題を見いだして解決策を考えたり，思いや考えを基に創造したりすることに向かう「深い学び」が実現できているか。

2）ICT の特性を活かした活用

　ICT を教育に活用する際の特性や強みについて，「2020 年代に向けた教育の情報化に関する懇談会最終まとめ」[12] では，次の 3 つに整理している。

①多様で大量の情報を収集，整理・分析，まとめ，表現することなどができ，カスタマイズが容易であること

②時間や空間を問わずに，音声・画像・データ等を蓄積・送受信でき，時間的・空間的制約を超えること

③距離に関わりなく相互に情報の発信・受信のやり取りができるという，双方向性を有すること

　①～③のような ICT の特性や強みを生かすことによって，1）に示した「主体的・対話的で深い学び」を促進し，学習指導要領が示す学習者の資質・能力の向上を促す。次に，①～③の ICT の強みを活かした「主体的・対話的で深い学び」を促進する学習活動の事例を示す。

①の特性を利用した学習活動

　文書の編集，プレゼンテーション，調べ学習，ドリル学習，試行の繰り返し，情報共有などの学習活動が考えられる。

「深い学び」の促進事例

（事例１）自然の観察や実験で得たデータをコンピュータに入力し，図やグラフを作成して観察・実験の結果を可視化する。学習者は，教科書で得た知識と，自然の観察・実験で得た知識とを関連付け，コンピュータで収集・整理されたデータを見て自然の変化を発見したり，将来を予測したりする。

（事例２）学習者個人あるいはグループで，ICT を活用して情報やデータを収集・分析して問題を見つける。その問題の解決に必要な情報を検索，収集，整理，分析し，分析結果を基に思考，判断して解決策を創造したり考えたりする問題解決の学習を行う。

（事例３）問題解決の方法や結果を報告書として文書化したり，スライドや資料を作成して発表したり，図形を描き直したり写真を撮り直すなど試行を繰り返す。操作を元に戻したり，一度作成したテキストをカスタマイズ（編集や改変）して新たなテキストを創造したりする表現活動を行う。

②の特性を利用した学習活動

学習の情報や学びの過程を記録して，後で活用するような学習活動が考えられる。

「対話的な学び」の促進事例

（事例４）地域や自然の写真，動画，音（音声）などを撮影・録音してサーバに蓄積することで，他の学習者とその情報を共有し，意見を交換する。

（事例５）インターネットに集積されている知識を手掛かりに自分の考えを広げたり深めたりする。

「主体的な学び」の促進事例

（事例６）算数や数学の問題を学習者が解答する過程や，文書を作成する過程を記録し，記録したデータを辿ることで，問題を解答したり文書を作成したりする思考の過程を振り返る。

（事例７）ICT を活用した学習を継続することで，学習の成果物等を長期にわたって蓄積することができ，集積された学習成果物から自らの学習活動を振り返って意味付けたり，身に付いた資質・能力を自覚したりする。

③の特性を利用した学習活動

ICT を活用して瞬時に情報を共有したり，遠隔学習を行ったり，メールを送受信する等，情報をリアルタイムに送受信する学習活動が可能になる。

「対話的な学び」の促進事例

（事例８）各自で問題を解答したりグループで議論したりする学習を展開する場合，各学習者の解答やグループでの議論の結果などの情報を，ICT を使うことで，瞬時にメンバーで共有する。

（事例９）地域の専門家や海外の学習者とオンラインで接続することで，専門的な知識を得たり，語学学習を行ったり，他文化の理解や交流を図ったりすることが可能になり，自己の考えを広げ深める。

3節　教育の情報化の概要

1.　教育の情報化の3側面

　ICTの特徴を活かして教育の高度化や教育的課題の解決を行うなど，教育を変革して新たな学びや学びの場（環境）を創造する動きが始まっている[※1]。ここでは，このような教育の情報化の動きとその概要について述べる。

　技術革新と変動の激しい高度に発達した21世紀の情報社会を生きるには，子どもたちが情報やICTを理解し，主体的に学習や仕事に活用する能力の獲得が求められる。2008年1月の中央教育審議会の答申[13]では，「教師が子どもたちと向き合う時間の確保のための諸方策」の観点から「情報活用能力など社会の変化に対応するための子どもの力をはぐくむため，ICT環境の整備，教師のICT指導力の向上，校務の情報化等の教育の情報化が重要である」として学校のICT環境の整備を唱えた。その後，2009年に，文部科学省は「教育の情報化に関する手引」（追補版は2010年）[14]を発表し，「教育の情報化」は，**「情報教育」**，**「教科指導におけるICT活用」**，**「校務の情報化」**の3つで構成されており，これらを通して教育の質の向上を目指すと説明した。

　さらに，2019年に発表された「教育の情報化に関する手引」（追補版は2020年）[15]では，「教育の情報化」を，時間的・空間的制約を超える，双方向性を有する，カスタマイズを容易にするといったICTの特徴を活かして，教育の質の向上を目指すものとした。また，図1-4に示すように，教育の情報化を①情報教育，②教科指導におけるICT活用，③校務の情報化の3つの側面で分類してその内容を示した。また，これらの教育の情報化を支える基盤として，④教師のICT活用指導力の育成，⑤学校のICT環境の整備，⑥教育情報セキュリティの確保の3つの実現が極めて重要であると述べている。

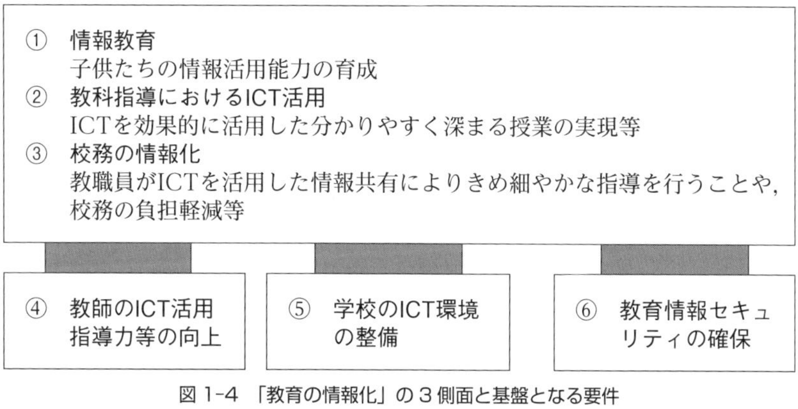

```
①　情報教育
　　子供たちの情報活用能力の育成
②　教科指導におけるICT活用
　　ICTを効果的に活用した分かりやすく深まる授業の実現等
③　校務の情報化
　　教職員がICTを活用した情報共有によりきめ細やかな指導を行うことや，
　　校務の負担軽減等
```

```
④　教師のICT活用      ⑤　学校のICT環境      ⑥　教育情報セキュ
　　指導力等の向上          の整備                リティの確保
```

図1-4　「教育の情報化」の3側面と基盤となる要件

[※1]　ICTを基盤にしたこのような教育の変革を，p.9で説明した産業の分野で進められているDX（Digital Transformation）になぞらえて，「教育DX」と呼ぶこともある。

2. 3側面の概要と基盤となる要件

1）情報教育

　日本での情報教育は，子どもたちの情報活用能力を育成する教育が中心となる。情報活用能力は「世の中の様々な事象を情報とその結び付きとして捉えて把握し，情報及び情報技術を適切かつ効果的に活用して，問題を発見・解決したり自分の考えを形成したりしていくために必要な資質・能力」であり，「教科等を越えた全ての学習の基盤として育まれ活用される資質・能力」と位置付けている[11]。

　2017年3月に小・中学校の学習指導要領が改訂され，小学校においては，コンピュータ等の基本的な操作やプログラミング的思考を育成する教育が必修化され，中学校においては，計測・制御や双方向性のあるコンテンツを作成するプログラミングなどの情報の技術を扱う教育が展開されている。また，2018年3月に高等学校の学習指導要領が改訂され，情報デザイン，プログラミング，データの活用など情報の科学的な理解や技能を育成する教育が必修で行われている。このような情報の個別の知識や技能と，教科横断的に取り組む情報活用能力の育成については，第2章でその理論と方法について述べる。

　また，スマートフォン等の情報端末で，SNSやインターネットのコンテンツを日常的に使っている子どもたちに対して，情報やICTを適切かつ安全に活用していくための情報モラル教育も並行して行われるべきである。この情報モラル教育については第5章で説明する。

2）教科指導におけるICT活用

　第3期教育振興基本計画[16]では，「ICT利活用のための基盤の整備」の目標として，情報活用能力の育成や校務のICT化とともに，主体的・対話的で深い学びの視点からの授業改善に向けた各教科等の指導におけるICT活用の促進を挙げている。また，教科等の指導においてICTを活用する場合，大量の情報を収集，整理・分析，表現することができ，カスタマイズが容易である，時間的・空間的制約を超えて学習することが可能であるなど，ICT活用の特性・強みを理解することが大切である。このICTを活用した具体的な教材開発と指導法については第3章で取り上げる。また，特別な支援を必要とする児童生徒に対するICT活用の意義や方法，特にICTを活用した教材や支援機器の効果的な活用については第6章で説明する。

3）校務の情報化

　校務の情報化は，教職員の業務負担軽減と教育の質向上の観点で推進する。児童生徒の出欠，成績，学籍等に関する情報等の校務情報を統合型校務支援システムに入力し，処理，記録，管理するとともに，それらの情報と学習成果物や授業・学習などの学習記録データを有効につないで，学びを可視化し，教員による学習指導や生徒指導等の質の向上，学級や学校運営の改善に資することが求められている。

　図1-4の③校務の情報化と⑤学校のICT環境の整備は第7章，④教師のICT活用指導力については第3章，⑥教育情報セキュリティの確保と教科指導や校務における教育データの有効活用については第4章で詳細に説明する。

章末問題

(1) Society5.0 とはどのような社会か，また，産業界で進行している DX とはどのようなことかについて説明しなさい。

(2) これからの社会に求められる能力は何か，また，なぜそのような能力が求められるかについて説明しなさい。

(3) ICT の教育活用の在り方について，基本的な考え方を説明しなさい。

(4) 「主体的・対話的で深い学び」を推進するための ICT 活用の事例について説明しなさい。

(5) 「教育の情報化」とはどのような側面を持つか，また，「教育の情報化」の基盤となる要件としてどのような内容が考えられるかについて説明しなさい。

参考文献

1) 増田米二：「原典情報社会」，TBS ブリタニカ，1985 年

2) 内閣府：「Society 5.0」

3) Erik Stolterman, Anna Fors: "Information Technology and the Good Life", International Federation for Information Processing Digital Library, Information Systems Research, Vol.143, pp.687-692, 2004 年

4) 経済産業省：「デジタルトランスフォーメーションを推進するためのガイドライン」，2018 年

5) 野村総合研究所：「"2030 年"から日本を考える，"今"から 2030 年の日本に備える。」，2015 年
https://www.nri.com/-/media/Corporate/jp/Files/PDF/news/newsrelease/cc/2015/151202_1.pdf

6) OECD Future of education and Skills 2030: "Learning Compass 2030", 2019 年
https://www.oecd.org/education/2030-project/contact/OECD_Learning_Compass_2030_Concept_Note_Series.pdf

7) ドミニク・S. ライチェン , ローラ・H. サルガニク（著），立田慶裕（監訳）：「キー・コンピテンシー」，明石書店，2006 年

8) P. グリフィン，B. マクゴー，E. ケア（編集），三宅なほみ（監訳）：「21 世型スキル 学びと評価の新たなかたち」，北大路書房，2014 年

9) 勝野頼彦（研究代表者）：「社会の変化に対応する資質や能力を育成する教育課程編成の基本原理」，教育課程の編成に関する基礎的研究，報告書 5，国立教育政策研究所，2013 年

10) 文部科学省：「新時代の学びを支える先端技術活用推進方策（最終まとめ）」，2018 年

11) 文部科学省：「幼稚園，小学校，中学校，高等学校及び特別支援学校の学習指導要領等の改善及び必要な方策等について（答申）」，2016 年

12) 文部科学省：「2020 年代に向けた教育の情報化に関する懇談会最終まとめ」，2016 年

13) 文部科学省：「幼稚園，小学校，中学校，高等学校及び特別支援学校の学習指導要領等の改善について（答申）」，2008 年

14) 文部科学省：「教育の情報化に関する手引」，2010 年

15) 文部科学省：「教育の情報化に関する手引」，2019 年

16) 文部科学省：「第 3 期教育振興基本計画」，2018 年

※ URL については，2022 年 11 月アクセス

第 2 章　情報活用能力の育成

この章では，情報教育及び情報活用能力の考え方の変化について歴史的経緯とともにまとめ，現在の学習指導要領における定義と位置付けについて説明する。次に，情報活用能力の内容を示すとともに，発達段階に応じて育成すること，及び教科横断的に育成することの重要性について述べる。

1節　情報活用能力の定義

1.　情報活用能力の歴史

日本に情報化社会が到来したのは 1960 年代である。高度成長期であった日本では，官公庁，大学などの研究機関，大企業の電算室などを中心に大型コンピュータが設置され，これらの情報技術を専門的に取り扱う技術者の養成が始まった。その後，1980 年代になり，パーソナルコンピュータ（パソコン）の販売が始まるが，大学卒業後の平均初任給の 3 倍以上と非常に高価であった。

今後の情報化社会の到来を見据え，1984 年（昭和 59 年）に行われた臨時教育審議会では，「国際化，情報化など変化への対応」が議論され，翌年に出された第一次答申において，教育の情報化への対応が謳われたため，1985 年は「情報教育元年」とも言われている。さらに，1986 年に出された第二次答申において，**情報活用能力**は「情報及び情報手段を主体的に選択し活用していくための個人の基礎的な資質」と初めて定義され，読み（Read）・書き（Write）・計算（Arithmetic）と並んで，初等教育で育成するべき能力（3Rs）と位置付けられた。この第二次答申では，「社会の情報化に主体的に対応できる基礎的な資質を養う観点から，情報の理解，選択，処理，創造などに必要な能力及びコンピュータ等の情報手段を活用する能力と態度の育成が図られるよう配慮する。なおその際，情報化のもたらす様々な影響についても配慮する」と示され，情報教育の基礎が築かれたと言える。しかし，1985 年当時のコンピュータ設置率（学校で 1 台以上設置している割合）は，小学校でわずか 2 ％，中学校でも 12.8％に過ぎなかった。

その後，1989 年（平成元年）告示の学習指導要領では，中学校「技術・家庭科」の一領域として「情報基礎」（選択）が設置された。また，併せて 1990 年（平成 2 年）には，文部省より「情報教育に関する手引」が出され，情報教育の取り扱い方，情報手段の活用，コンピュータなどの環境整備について解説された[2]。コンピュータ設置率も 1992 年には，小学校で 41％，中学校では 74.7％まで上昇している。なお，この頃のコンピュータは，まだ「スタンドアロン」（ネットワークに接続されていない）形式であり，CUI（Character User Interface ＝文字入力）であったため，子どもたちはキーボードでコマンドを入力していた。

1997 年（平成 9 年）に文部省の設置した「情報化の進展に対応した初等中等教育における情報教育の推進等に関する調査研究協力者会議」において，「情報活用の実践力」「情報の科学的な理解」「情報社会に参画する態度」の 3 つが初等中等教育段階における情報教育で育む「情報活用能力」の目標として示された。

1998 年（平成 10 年）に告示された学習指導要領では，各校種において情報教育，情報活用能力の育成が重視された。小学校では「総合的な学習の時間」が設置され，①国際理解　②情報化　③環境　④福祉・健康　の 4 つが取り組むべき課題として挙げられた。中学校では，選択領域だった「情報基礎」が必修領域「情報とコンピュータ」になった。さらに高等学校では新教科「情報科」（普通教科及び専門教科）が設置された。

2008 年・2009 年（平成 20・21 年）告示の学習指導要領においては，各教科等の指導の中にコンピュータや情報通信ネットワークなどの情報手段を活用する学習活動や，情報活用能力を育成するために充実すべき学習活動が示された。2010 年（平成 22 年）に出された「教育の情報化に関する手引」[3] では，先に示された 3 つの情報活用能力の目標を図 2-1 のように 8 つの観点に整理し，各学校段階で育成することが求められた。

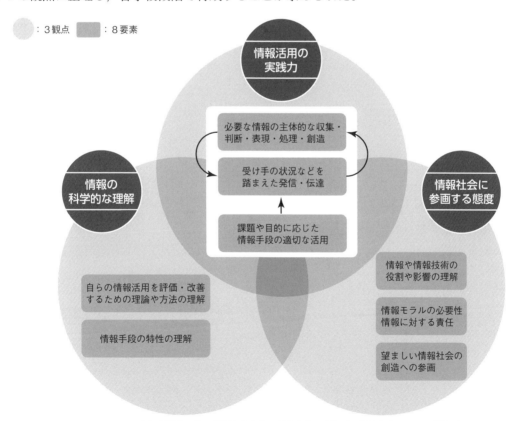

文部科学省：「21 世紀を生き抜く児童生徒の情報活用能力育成のために」[4] 掲載の図を基に作成
図 2-1　情報活用能力の 3 観点 8 要素

学校においてコンピュータやネットワークの整備が進むと同時に，情報教育の中に，「各教科等の目標を達成する際に効果的に情報機器を活用する」教育の情報化の視点が含まれるようになった。これは「情報教育に関する手引」発刊後に出された「情報教育の実践と学校の情報化〜新「教育の情報化に関する手引」〜」[5]（2002 年／平成 14 年発行），「教育の情報化に関する手引」（2010 年／平成 22 年発行）の各タイトルから読み解くこともできる。

　授業での活用が進む中，2016 年（平成 28 年）に中央教育審議会が答申した「幼稚園，小学校，中学校，高等学校及び特別支援学校の学習指導要領等の改善及び必要な方策等について」[6]では，「教科等を越えた全ての学習の基盤として育まれ活用される資質・能力」の一つとして，「情報活用能力（情報技術を手段として活用する力を含む）の育成」が示された。情報活用能力は「世の中の様々な事象を情報とその結び付きとして捉えて把握し，情報及び情報技術を適切かつ効果的に活用して，問題を発見・解決したり自分の考えを形成したりしていくために必要な資質・能力」と定義された。

　この答申を受け，2017 年（平成 29 年）・2018 年（平成 30 年）に告示された現行の学習指導要領では，言語能力，問題発見・解決能力，情報活用能力は「学習の基盤となる資質・能力」として，位置付けられた。そして，小学校，中学校，高等学校の各発達段階に応じて，また，教科等横断的な視点から教育課程の編成を図り，各学校のカリキュラム・マネジメントの実現を通して育成することが示された。そして，情報活用能力はこれまでの 3 観点 8 要素を，他の各教科等において育むことを目指す資質・能力と併せ，以下のように整理し直した。

○知識及び技能（何を理解しているか，何ができるか）
情報と情報技術を活用した問題の発見・解決等の方法や，情報化の進展が社会の中で果たす役割や影響，情報に関する法・制度やマナー，個人が果たす役割や責任等について，情報の科学的な理解に裏打ちされた形で理解し，情報と情報技術を適切に活用するために必要な技能を身に付けていること。

○思考力，判断力，表現力等（理解していること，できることをどう使うか）
様々な事象を情報とその結び付きの視点から捉え，複数の情報を結び付けて新たな意味を見い出す力や，問題の発見・解決等に向けて情報技術を適切かつ効果的に活用する力を身に付けていること。

○学びに向かう力，人間性等（どのように社会・世界と関わりよりよい人生を送るか）
情報や情報技術を適切かつ効果的に活用して情報社会に主体的に参画し，その発展に寄与しようとする態度等を身に付けていること。

2節 ┃ 情報活用能力の内容と指導

1. 情報活用能力の育成の目的と内容

　学習指導要領の改訂に伴い，2019年（令和元年）に新しく「教育の情報化に関する手引」が発行された。この中において，情報活用能力は「世の中の様々な事象を情報とその結び付きとして捉え，情報及び情報技術を適切かつ効果的に活用して，問題を発見・解決したり自分の考えを形成したりしていくために必要な資質・能力」と定義された。より具体的には，学習活動において必要に応じてコンピュータ等の情報手段を適切に用いて情報を得たり，情報を整理・比較したり，得られた情報を分かりやすく発信・伝達したり，必要に応じて保存・共有したりといったことができる力であり，さらに，このような学習活動を遂行する上で必要となる情報手段の基本的な操作の習得や，**プログラミング的思考**，情報モラル等に関する資質・能力等も含むものとされた。

　また，情報活用能力の育成の目的は，「コンピュータ等の情報技術は急激な進展を遂げ，人々の社会生活や日常生活に浸透し，スマートフォンやタブレットPC等に見られるように情報機器の使いやすさの向上も相まって，子供たちが情報を活用したり発信したりする機会も増大している。将来の予測は困難であるが，情報技術は今後も飛躍的に進展し，常に新たな機器やサービスが生まれ社会に浸透していくこと，人々のあらゆる活動によって極めて膨大な情報（データ）が生み出され蓄積されていくことが予想される。このことにより，職業生活ばかりでなく，学校での学習や生涯学習，家庭生活，余暇生活など人々のあらゆる活動において，さらには自然災害等の非常時においても，そうした機器やサービス，情報を適切に選択・活用していくことが不可欠な社会が到来しつつある。そうした社会において，児童生徒が情報を主体的に捉えながら，何が重要かを主体的に考え，見いだした情報を活用しながら他者と協働し，新たな価値の創造に挑んでいけるようにするため」とされた。

　小学校及び中学校の学習指導要領解説総則編には「情報活用能力の育成を図るためには，各学校において，コンピュータや情報通信ネットワークなどの情報手段及びこれらを日常的・効果的に活用するために必要な環境を整えるとともに，各教科等においてこれらを適切に活用した学習活動の充実を図ることが重要である。また，教師がこれらの情報手段に加えて，各種の統計資料や新聞，視聴覚教材や教育機器などの教材・教具を適切に活用することが重要である」と明示され，環境整備及び教師がICTを活用することの重要性が強調された。

　特に，小学校の学習指導要領総則には，情報活用能力の育成を図るため，各教科等の特質に応じて，①児童がコンピュータで文字を入力するなどの学習の基盤として必要となる情報手段の基本的な操作を習得するための学習活動　②児童がプログラミングを体験しながら，コンピュータに意図した処理を行わせるために必要な論理的思考力を身に付けるための学習活動を計画的に実施することと示され，2020年（令和2年）から小学校でのプログラミング教育が始まる根拠となった。

そして，中学校学習指導要領（平成29年告示）解説技術・家庭科編においては，「情報活用能力を系統的に育成できるよう，プログラミングに関する学習やコンピュータの基本的な操作，発達の段階に応じた情報モラルの学習，さらに，社会科第5学年における情報化が社会や産業に与える影響についての学習も含めた小学校における学習を発展させるとともに，中学校の他教科等における情報教育及び高等学校における情報関係の科目との連携・接続に配慮する」と，情報活用能力の発達段階に応じた育成についても明記された。

高等学校学習指導要領（平成30年告示）解説情報科編では，「小・中・高等学校の各教科等の指導を通じて行われる情報教育の中核として，小・中学校段階からの問題発見・解決や情報活用の経験の上に，情報と情報技術を問題の発見と解決に活用するための科学的な理解や思考力等を育み，情報活用能力を更に高める教科」として共通教科情報科を位置付けている。

特別支援学校教育要領・学習指導要領解説総則編においても，「特別支援学校において個々の児童生徒の実態を考える場合，障害の状態とそれに起因する発達の遅れのみに目が向きがちであるが，それ以外にも情報活用能力などの学習の基盤となる資質・能力，主体的に学習に取り組む態度も含めた学びに向かう力，適性さらには進路などの違いにも注目していくことが大切である」と明記されている。

なお，文部科学省委託事業「次世代の教育情報化推進事業『情報教育の推進等に関する調査研究』」の成果では，資質・能力の三つの柱　①知識及び技能　②思考力，判断力，表現力等　③学びに向かう力，人間性等に併せて，情報活用能力の具体例を示した（表2-1）。

表2-1　「情報教育の推進等に関する調査研究」で示された情報活用能力の具体例[7]

分　類		
A. 知識及び技能	1　情報と情報技術を適切に活用するための知識と技能	①情報技術に関する技能 ②情報と情報技術の特性の理解 ③記号の組合せ方の理解
	2　問題解決・探究における情報活用の方法の理解	①情報収集，整理，分析，表現，発信の理解 ②情報活用の計画や評価・改善のための理論や方法の理解
	3　情報モラル・情報セキュリティなどについての理解	①情報技術の役割・影響の理解 ②情報モラル・情報セキュリティの理解
B. 思考力， 判断力， 表現力等	1　問題解決・探究における情報を活用する力（プログラミング的思考・情報モラル・情報セキュリティを含む）	事象を情報とその結び付きの視点から捉え，情報及び情報技術を適切かつ効果的に活用し，問題を発見・解決し，自分の考えを形成していく力 ①必要な情報を収集，整理，分析，表現する力 ②新たな意味や価値を創造する力 ③受け手の状況を踏まえて発信する力 ④自らの情報活用を評価・改善する力　　　等
C. 学びに向かう力， 人間性等	1　問題解決・探究における情報活用の態度	①多角的に情報を検討しようとする態度 ②試行錯誤し，計画や改善しようとする態度
	2　情報モラル・情報セキュリティなどについての態度	①責任をもって適切に情報を扱おうとする態度 ②情報社会に参画しようとする態度

　情報活用能力の育成は，小学校入学段階から急に始まるのではなく，幼児教育においても情報活用能力の準備段階があると考えられる。「幼児教育要領」（幼稚園），「保育所保育指針」（保育園・保育所），「幼保連携型認定こども園」（認定こども園）の共通の指針である「幼児期の終わりまでに育ってほしい姿」[8]には，「思考力の芽生え」，「数量や図形，標識や文字などへの関心・感覚」という項目があり，これらが情報活用能力の準備段階に当たると考えられる（表2-2）。

表2-2　発達段階に応じた情報教育

幼児教育	・思考力の芽生え 　身近な事象に積極的に関わる中で，物の性質や仕組みなどを感じ取ったり，気付いたりし，考えたり，予想したり，工夫したりするなど，多様な関わりを楽しむようになる。 ・数量や図形，標識や文字などへの関心・感覚 　遊びや生活の中で，数量や図形，標識や文字などに親しむ体験を重ねたり，標識や文字の役割に気付いたりし，自らの必要感に基づきこれらを活用し，興味や関心，感覚を持つようになる。	
	各教科等	主として取り扱う内容や教科
小学校	様々な問題の発見・解決の学習を経験しながら，そこに情報や情報手段が活用されていることや，身近な生活と社会の情報化との関係などを学び，情報や情報手段によさや課題があることに気付くとともに，情報手段の基本的な操作ができるようにするなど，発達段階に応じた資質・能力を小学校教育の本質的な学びを深める中で身に付ける。	・情報手段の基本的な操作（文字入力やデータ保存など）に関する技能の着実な習得 ・プログラミング教育（プログラミングを体験させながら，「プログラミング的思考」などを育成する教育）を行う単元を実施
中学校	情報を効果的に活用して問題を発見・解決したり，自らの考えを形成したりする経験や，その過程で情報手段を活用する経験を重ねつつ，抽象的な分析等も行えるようにするなど，発達段階に応じた資質・能力を中学校教育の本質的な学びを深める中で身に付ける。	【技術・家庭科（情報に関する技術）】 計測・制御やコンテンツに関するプログラミング等，デジタル情報の活用と情報技術を中心的に扱う
高等学校	情報社会への主体的な参画に向けて，問題を発見・解決したり自らの考えを形成したりする過程や，情報手段等についての知識と経験を，科学的な知として体系化していくようにするなど，発達段階に応じた資質・能力を高等学校教育の本質的な学びを深める中で身に付ける。	【情報科（共通必履修科目）】 情報に関わる資質・能力を育てる中核の科目として，情報や情報技術を問題の発見と解決に活用するための科学的な考え方等を育てる ・問題解決の考え方・方法の理解と活用 ・情報技術の理解と問題の発見・解決への活用（プログラミングなど）

文部科学省：幼稚園，小学校，中学校，高等学校及び特別支援学校の学習指導要領等の改善及び必要な方策等について（答申）[9]掲載の図を基に作成

また，先に示した「次世代の教育情報化推進事業『情報教育の推進等に関する調査研究』」の成果では，表 2-1 の情報活用能力の内容を，発達段階ごとにステップ 1（小学校低学年相当），ステップ 2（小学校中学年相当），ステップ 3（小学校高学年相当），ステップ 4（中学校相当），ステップ 5（高等学校相当）の 5 段階で示している。以下に一部を抜粋する[7]。

A. 知識及び技能
 1．情報と情報技術を適切に活用するための知識と技能
 ③記号の組み合わせの理解
  ステップ 1：大きな事象の分解と組み合わせの体験
  ステップ 2：単純な繰り返し・条件分岐，データや変数などを含んだプログラムの作成，評価，改善
  ステップ 3：意図した処理を行うための最適なプログラムの作成，評価，改善
  ステップ 4：問題発見・解決のための安全・適切なプログラムの制作，動作の確認及びデバッグ等
  ステップ 5：問題発見・解決のためのプログラムの制作とモデル化
B. 思考力，判断力，表現力等
 1．問題解決・探究における情報を活用する力
 ②受け手の状況を踏まえて発信する力
  ステップ 1：相手を意識し，分かりやすく表現する
  ステップ 2：表現方法を相手に合わせて選択し，相手や目的に応じ，自他の情報を組み合わせて適切に表現する
  ステップ 3：目的や意図に応じて複数の表現手段を組み合わせて表現し，聞き手とのやり取りを含めて効果的に表現する
  ステップ 4：目的や意図に応じて情報を統合して表現し，プレゼンテーション，Web ページ，SNS などやプログラミングによって表現・発信，創造する
  ステップ 5：メディアとコミュニケーション手段の関係を科学的に捉え，目的や受け手の状況に応じて適切で効果的な組み合わせを選択・統合し，プレゼンテーション，Web ページ，SNS などやプログラミングによって表現・発信，創造する
C. 学びに向かう力，人間性等
 2．情報モラル・情報セキュリティなどについての態度
 ①責任をもって，情報を扱おうとする態度
  ステップ 1：人の作った物を大切にし，他者に伝えてはいけない情報を守ろうとする
  ステップ 2：自分の情報や他人の情報の大切さを踏まえ，尊重しようとする
  ステップ 3：情報に関する自分や他者の権利があることを踏まえ，尊重しようとする
  ステップ 4：情報に関する個人の権利とその重要性を尊重しようとする
  ステップ 5：同上

---

3. 教科等横断的な育成

　情報活用能力は「学習の基盤となる資質・能力」として位置付けられ，各教科等における学習の中で活用され，育成されるものである。平成29年，30年告示の学習指導要領においても，総則において「児童（中学校の場合は生徒）や学校，地域の実態を適切に把握し，教育の目的や目標の実現に必要な教育の内容等を教科等横断的な視点で組み立てていくこと，教育課程の実施状況を評価してその改善を図っていくこと，教育課程の実施に必要な人的又は物的な体制を確保するとともにその改善を図っていくことなどを通して，教育課程に基づき組織的かつ計画的に各学校の教育活動の質の向上を図っていくこと」と明記されている。

　そこで，教育課程全体を通した取り組みを通じて，教科等横断的な視点から教育活動の改善

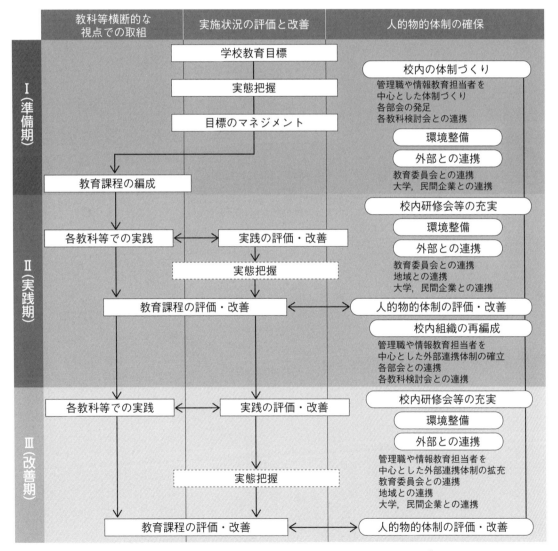

図 2-2　情報活用能力育成のためのカリキュラム・マネジメントモデル[7]

を行い，学校教育の改善・充実の好循環を生み出していくためには，「カリキュラム・マネジメント」が必要である。そのため，次の三段階に分け，教科横断的な視点，実施状況の評価と改善，人的物的体制の確保を考える必要がある。

・Ⅰ（準備期）

　情報活用能力を育成するための教育課程の編成を行う時期。

・Ⅱ（実践期）

　（準備期）で編成した教育課程を各教科等で実践する時期。

・Ⅲ（改善期）

　（実践期）における各教科等での実践を評価し，成果と課題を把握する。その上で，改善した教育課程の下，各教科等での実践を再び行う時期。

　実例として，教育委員会，近隣の大学と連携をしながら，ICT の活用及びプログラミング教育を中心に情報活用能力の育成に早くから取り組んでいる公立小学校の年間計画表（一部）を示す（表2-3）。

表 2-3　情報活用能力年間指導計画

	知識及び技能	思考力，判断力，表現力等	学びに向かう力，人間性等
1学年	国語「かたかなをかこう」 国語「図書室の使い方」	体育「表現あそび」	生活「あきとあそぼう」
2学年	国語「たのしかったよ　2年生」 道徳「おばあちゃんお元気ですか」	体育「なわとび」 算数「100 cm をこえる長さ」	生活「まちたんけん」
3学年	国語「引用するとき」 社会「店ではたらく人」	国語「食べ物のひみつを教えます」 音楽「リズムばんそうを楽しもう」	道徳「ちゃんと使えたのに」
4学年	国語「調べて話そう，生活調査隊」 社会「くらしをささえる水道」	総合「みんなが楽しめるゲームを作ろう」 算数「小数の割り算」	道徳「まっ，いいか　でいいのかな」
5学年	国語「資料を用いて書こう」	社会「自動車をつくる工業」 家庭科「炊飯」 算数「円と正多角形」	総合「○○小学校　World Research」
6学年	国語「調べた情報の用い方」	理科「発電と電気の利用」 家庭科「調理実習」 社会「歴史新聞」	国語「日本文化を発信しよう」 国語「よりよい学校に」

　各学年，様々な教科で情報活用能力の育成を検討していることがわかる。このような年間指導計画を立案するためには，各学年各教科の教員で，学年間の接続，教科間の連携をはかりながら実践をくりかえし，子どもの反応や教員自身の振り返りによって見直すことが必要である。

　また，市町村内の小学校・中学校は基本的に教科書や ICT 機器の環境が同じであるため，同じ市町村の教員研修などでは，教材や学習指導案，授業後の子どもの反応などの情報交換をしながら，教育課程の評価・改善を進めることも重要である。

3節 児童のICT活用の指導法

1. ICT端末における使用ルール

　児童が**ICT端末（学習者用情報端末）**を活用するにあたり，その意義や活用目的とともに使用可能な時間や場面，保管方法，扱い方，健康面の配慮などの**使用ルール**を学級で話し合うなどして共有し，共通理解を図ることが望ましい。また，その使用ルールは常に確認できるように掲示するなどして意識化することで，安全・安心に気持ちよく，そして積極的に学習に取り組むことができる。例えば，表2-4に示した使用ルール（一例）が考えられる。

　なお，ICT端末を活用する目的や方法は児童の発達段階によって異なるため，それらは各学年に応じて検討しておく必要がある。

表2-4　ICT端末における使用ルールの例

項目	ルールの内容
使用可能な時間や場面	・ICT端末は学校に毎日持ってきて，学習する時に使用する。 ・学校が許可した場合を除き，基本的には学校や自宅で使用する。
保管方法	・学校についたら，手提げ袋に入れて指定された棚に置く。 ・学校から帰ったら，忘れずに充電をする。
扱い方	・ICT端末を落としたり，濡らしたりしないように注意する。 ・友達のICT端末を勝手に触らない。 ・アカウントやパスワードは，他の人に絶対教えない。 ・他人を傷つけたり，嫌な思いをさせることをネット上に書かない。
健康面の配慮	・良い姿勢を保ち，目と画面との距離は，30 cm以上離す。
その他	・故障・破損・紛失・盗難や，ネットワーク上のトラブル等が発生したときは，保護者と学校に連絡をする。

　また，ICT端末は，学校だけでなく自宅等での様々な学習場面においても活用できるように，保護者や地域の方々などの関係者にも理解と協力を得て安全・安心な環境を整えることが重要である。文部科学省では，学校と保護者等との間で共有しておくことが望ましいポイント[10]を下記の4つの視点から具体的な項目例を挙げて整理している。各学校における実態に合わせて取り決めを調整し，保護者説明会やお便り・文書等の配布など，周知を徹底する方法についても検討しておく必要がある。

・児童生徒が端末を安全・安心に活用するために気を付けること
・端末・インターネットの特性と個人情報の扱い方
・健康面への配慮
・トラブルが起きた場合の連絡や問合せ方法等の情報共有の仕組み

また，ICT端末を初めて使う際には**パスワードの指導**が必要である。パスワードとは何か，なぜ設定しないといけないのか，どのようなパスワードが良いかなど，パスワードを考える活動を通して管理する必要性について確認しておく。なお，児童生徒の健康面への影響等に関する配慮については，実証校での事例調査や専門家による知見，具体的な改善方策などが整理された「児童生徒の健康に留意してICTを活用するためのガイドブック」[11] が参照できる。

2. タブレット端末における基本操作

ここでは，ICT端末の一つである**タブレット端末**を使用する際の基本的な操作方法と入力方法について述べる。タブレット端末は**タッチパネル**を採用した10インチ前後の情報機器で，大きく分けてApple社のiPad，Google社のAndroidタブレット，Microsoft社のWindowsタブレットがある。持ち運びが容易でキーボードやマウスを使わなくても直感的に操作ができるため，児童にとってはコンピュータよりも扱いやすく学びに活用しやすい学習用具である。観察したことを記録したり，調べ学習でWeb検索をしたり，自ら考えたことを表現したり，他者とコミュニケーションを図ったりと，様々な学習場面で活用することができる。

その際にまず必要となるのが，タブレット端末の操作である。画面を指で触れる操作方法としては，下記に示す基本的な操作（図2-3）がある。

・タップ：指で画面を軽く叩き離す操作で，アプリ（アプリケーションソフト）の起動や選択に用いる。
・ダブルタップ：タップを素早く2回行う操作で，画面の一部拡大などに用いる。
・ロングタップ：画面に触れたまま長押しする操作で，文字のコピーなどに用いる。
・スワイプ：指で上下左右に動かす操作で，画面の切り替えやスクロール操作に用いる。
・フリック：画面を弾くように素早く払う操作で，画面タッチでの文字入力などに用いる。
・ドラッグ：長押しで指を上下左右に動かす操作で，ファイルの移動などに用いる。
・ピンチイン・ピンチアウト：2本の指で同時に画面に触れ，摘まむように距離を縮める操作がピンチイン，広げる操作がピンチアウトである。画面や画像等の拡大・縮小に用いる。

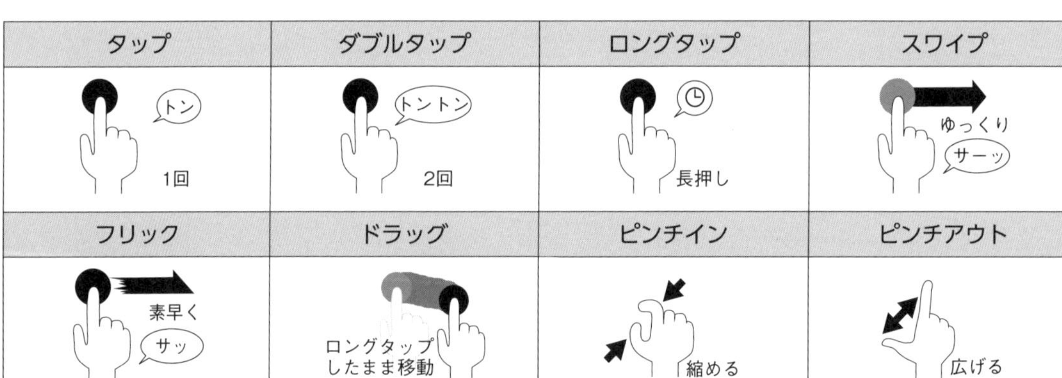

タップ	ダブルタップ	ロングタップ	スワイプ
トン 1回	トントン 2回	長押し	ゆっくり サーッ
フリック	**ドラッグ**	**ピンチイン**	**ピンチアウト**
素早く サッ	ロングタップ したまま移動	縮める	広げる

図2-3　タブレット端末の画面を指で触れる操作方法

これらの操作方法は，必要とする学習場面においてタブレット端末に慣れることで感覚的に身に付けることができる。例えば，表 2-5 のように**カメラ機能**を用いた学習場面では，カメラ撮影や撮影した写真から必要なものを選択する学習活動を通して，確認することができる。カメラ機能は，**文字入力**が難しい低学年から取り組むことができる。

表 2-5　カメラ機能を用いた学習場面の例

対象／**ICT の活用**	小学校低学年以上／カメラ撮影・写真の選択
学習場面の例	・学校探検をして発見したことを撮影し，学級で紹介しよう ・図書館で好きな本を見つけて撮影し，友達に紹介しよう ・春の身近な花を探して撮影し，観察してみよう ・観察記録を手書きで表現し撮影したものを，学級で共有しよう
必要な基本操作	タップ，スワイプ，ピンチイン・ピンチアウト
準備物	カメラ機能（OS に標準付属）

次に，タブレット端末における文字入力には下記に示すいくつかの方法があるが，対象とする学習者の発達段階や目的に合わせて選択する必要がある。文字入力の難易度については，次ページの表 2-6 に示す。高学年になれば様々な方法での入力が可能になるが，簡単なメモ程度であれば画面を操作するためのペン（タッチペン）などで手書き入力，長い文章には**音声認識機能**を使うなど，目的や状況に応じた使い分けを検討することができる。

・タッチペンを用いて手書き入力：タブレット端末に対応するペンを用いて入力を行う。低学年においては，例えば漢字の書き方を練習するアプリで文字は書けても，ノートアプリなどに文章を表現することは難しい。

・音声認識機能を用いて文字入力：タブレット端末に表示されるキーボードにあるマイクをタップし，音声で入力する。ある程度長い文章でも自動でテキスト化されるが，間違えて入力される場合がある。画面に表示されるキーボードを用いての入力が難しい低学年では，間違えて入力された文字の訂正に時間がかかる。音声認識機能を用いて Web 検索をしたり，ノートアプリに考えを整理したりするなどの学習活動ができる。

・画面タッチ操作で文字入力：タブレット端末に表示されるキーボードを用いて画面に触れるタッチ操作で，文字を入力する。日本語入力するためのキーボードや英文字を入力するためのキーボードなどがある。中学年でも，入力操作に慣れていないと時間がかかる。

・外付けのキーボードを用いて文字入力：ローマ字を学習する小学 3 年生以上は入力可能であるが，高学年でもタイピングに慣れていないと時間がかかる。**タイピング**（タッチタイピング）の練習が必要になる。

Web 上には，無償で利用できるタイピングの練習サイトがいくつかある。その中には練習時間や難易度が設定できたり，ランキングや得点が表示されたりするなど，ゲーム感覚で学べるものもある。例えば，Preferred Networks が無料で提供するローマ字タイピング練習教材「プレイグラムタイピング」[12] などがある。ローマ字の基本から学ぶことができ，画面に表示

される手本を真似ながら正しい指使いを確認することができる。また，学習履歴から苦手なキーが分析され効率的に反復練習ができる。

表2-6　タブレット端末における文字入力と難易度

文字入力の方法	低学年	中学年	高学年
タッチペンを用いて手書き入力	△	○	○
音声認識機能を用いて文字入力	△	○	○
画面タッチ操作で文字入力	×	△	○
外付けのキーボードを用いて文字入力	×	△	○

　次に，学びに活用できる基本的な操作として**画面キャプチャ（スクリーンショット）**機能，**画面収録（スクリーンレコード）**機能，**画面切り替え（マルチタスク）**機能がある。これらの機能は，必要とする学習場面において目的に合わせて活用することで効率的に学習を進めることができ，学びの幅を広げる。各機能の操作方法は，タブレット端末の種類などにより異なるため事前に確認しておく必要がある。

　画面キャプチャは，タブレット端末の画面に表示された内容をそのまま画像データとして保存できる機能である。タブレット端末の設定画面を再度確認できるように保存したり，Web資料の参照する箇所を記録したり，作成した資料やデータを画像として保存して別のアプリに貼り付けるなどの活用が考えられる。Web資料を画面キャプチャで保存しておくと，インターネットに接続することなく参照ができるため，いつでもどこでも学習が継続できる。なお，Webサイトの文章や画像等を勝手に利用してはいけないことや引用する際のルールについて，確認しておく必要がある。画面キャプチャ機能を用いた学習場面の例を表2-7に示す。

表2-7　画面キャプチャ機能を用いた学習場面の例

対象	小学校中学年以上
学習場面の例	・Web資料から「さんまの水揚げ量」を引用し，経年変化について考察する。 ・地震発生の仕組みについて調べて整理する際に，気象庁のWebサイトをインターネットがつながらない環境でも閲覧できるように記録しておく。 ・ペイント系アプリで描いたイラストを自己紹介のスライドに貼り付ける。
準備物	Webブラウザ，プレゼンテーションアプリ，ペイント系アプリなど

　画面収録はタブレット端末の画面を動画として保存できる機能で，操作している過程を録画することができる。タブレット端末での操作方法を確認するために活用したり，発表資料等で操作過程を見せたりする時に便利である。画面収録機能を用いた学習場面の例を表2-8に示す。

　画面切り替えはタブレット端末の画面を二分割したり，複数のアプリを同時に起動し必要に応じて切り替えたりすることができる機能で，例えばWeb資料を見ながら自分の考えを整理する際などに便利である。画面切り替え機能を用いた学習場面の例を表2-9に示す。

表2-8 画面収録機能を用いた学習場面の例

対象	小学校高学年以上
学習場面の例	・世界の国を紹介する学習において，位置を分かりやすく表現するために Google Earth で調べた様子を画面収録し，発表資料の一部に用いる。
準備物	Web ブラウザ，Google Earth，プレゼンテーションアプリなど

表2-9 画面切り替え機能を用いた学習場面の例

対象	小学校高学年以上
学習場面の例	・日本の貿易について Web サイトで調べたことを整理しながら，発表するためのスライド資料を作成する。 ・ビデオ教材を視聴しながら，メモアプリに気付きを記録する。 ・世界の国について調べたことをまとめて発表動画を作る際に，文書作成アプリに書いた原稿を見ながら音声を録音する（図2-4）。
準備物	Web ブラウザ，プレゼンテーションアプリ，メモアプリ，文書作成アプリ，映像編集アプリなど

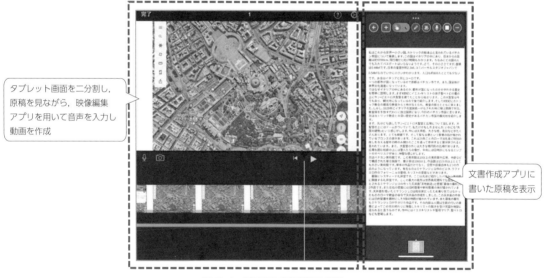

タブレット画面を二分割し，原稿を見ながら，映像編集アプリを用いて音声を入力し動画を作成

文書作成アプリに書いた原稿を表示

図2-4 画面切り替え機能の活用

　ICT 端末の操作スキルは，これまでの活用経験によっても個人差が生じやすい。操作方法を記した紙を掲示したり配付したりするなど，感覚的に身に付けるまで個別に対応していく必要がある。なお，ICT 端末の活用方法に関する実践事例については，文部科学省が作成している「StuDX Style」[13] が参照できる。

ICT 端末は，クラウドサービスの利用を前提として積極的に活用することが求められている。ここでは，学びに用いる機能やツールに関して下記の 4 つについて述べる。

○ Wi-Fi，Bluetooth の設定

Wi-Fi は無線でインターネット回線に接続できる規格で，**Wi-Fi** ネットワークの名前である SSID とパスワードが分かれば，誰でも簡単に接続ができる。利用する場所で使える Wi-Fi は ICT 端末の画面に自動で表示されるので，学習者自身が設定できるように確認しておく必要がある。また，**Bluetooth** は無線通信の規格の一つで，対応している機器はケーブルに接続せずにワイヤレスでデータのやり取りができる。データのやり取りができる範囲は狭いが，Bluetooth 対応のイヤホンやキーボードなどをタブレット端末につなぐことができる。

○タブレット端末から印刷する方法

タブレット端末で作成したレクリエーション企画の案内や学習支援ツールに配付された漢字プリント，生活科において観察記録した写真，Web 検索した必要な資料など，タブレット端末からデータを印刷したい場合がある。その場合は，基本的にタブレット端末と利用するプリンタが Wi-Fi で接続されている必要がある。プリンタメーカーから提供されている印刷用アプリを用いると，簡単に印刷できる。なお，データの形式によっては印刷ができない場合がある。

○クラウドストレージの活用

クラウドストレージは Web 上でファイルが保存・共有できるサービスで，インターネット回線に接続できればどこからでもアクセスすることができる。PC とタブレット端末や学校と自宅など複数の端末でファイルをやり取りしたい時，一つのファイルを複数の人で編集する時，ファイルサイズが大きい動画等を他の人と共有する時などに活用できる。例えば，Google ドライブ，OneDrive，Dropbox などが挙げられる。

○学習支援ツールの活用

インターネットに接続して活用する**学習支援ツール**の例として，次の 2 つを紹介する。

ロイロノート school[14] は株式会社 LoiLo が開発したアプリで，設定したグループの中で教材配付，課題提出，個々の考えを記名式や無記名式で共有，質問や相談などが行える。教員と児童や児童同士のやり取りが可能である。アプリ内に用意されたカードを用いて表現し，複数のカードをつなげてプレゼンテーション資料を作ることができる。手書き，文字入力，画像や URL 等の貼り付け，PDF 資料の共有などができる。

Google Classroom[15] は Google 社が学校向けに開発した Web サービスで，クラスごとに教材配付，課題提出，アンケートの作成，質問や相談などが行える。Google Classroom では，Google ドライブ，Google ドキュメントやスプレッドシート，Google フォームなど，Google 統合ソフトに含まれる他のツールと合わせて活用することができる。

4.　　児童が学びで活用できるアプリケーションソフト

ここでは，児童が学びの中で活用できるアプリの一例について紹介する。

○ Web ブラウザで検索

Web サイトを閲覧するためには，タブレット端末に標準で組み込まれている **Web ブラウザ**（Windows 版 Edge，Android 版 Chrome，iOS 版 Safari）を活用することができる。その際，必要な情報を手に入れるためにはどのようなキーワードにすれば良いのか，AND 検索や OR 検索などの方法について確認しておく必要がある。同時に，キーワードを入力すれば調べたいことをすぐに検索することができるが，その信憑性を判断できる力を身に付けておく必要がある。

また，Web ブラウザでのブックマーク機能には，特定のページにブックマークをつけて，再度アクセスする際に見つけやすくする機能がある。よく利用する学習支援サイトや，調べ学習をする際に参考とするサイトなど，学習者自らの学びに合わせてカスタマイズしておくと有用である。児童生徒にはブックマークの操作方法を確認するとともに，どのようなサイトを登録すれば学習がしやすくなるのかについて検討させることも必要である。

なお，文字入力による検索が難しい低学年においては，教員側で作成した QR コードを読み取りアクセスさせることも考えられる。

○文書の作成

文書作成を行うためのアプリ（Windows 版 Word，Android 版 Google ドキュメント，iOS 版 Pages）や，ノートを作成するためのアプリを活用することができる。アプリの種類によって機能は異なるが，文字の入力だけでなく図形やテキストボックス，写真やイラスト，表やグラフ，音声や動画の挿入，書式やレイアウトの設定などができ，目的に合わせて活用することができる。また，ノートアプリは授業ごとにフォルダを分けて整理することができる。メモ書きから授業用ノート，おすすめする本の紹介や壁新聞の作成，調べ学習の成果をまとめたりと，様々な学習に活用することができる。

例えば，高学年では，個人で課題を設定する自由研究においても活用することができる。カメラ機能を用いて紙のノートにメモした観察記録を挿入したり，貼り付けた画像の上から手書きで説明を加えたり，実験の手順や考察を入力したり，インタビューの様子を動画で撮影し挿入したりと，様々な形式のデータを一つの文書に整理することができる。

なお，作成したファイルはクラウドストレージを活用し共有することができる。また，印刷する際に図や表などの書式が崩れる場合は，PDF ファイルに変換することができる。

○表やグラフの作成

表計算を行うためのアプリ（Windows 版 Excel，Android 版 Google スプレッドシート，iOS 版 Numbers）を用いて，データから表に整理して集計したり，目的に応じて計算したり，

表から様々なグラフを作成したりすることができる。表計算アプリを活用すると，様々な種類のグラフを簡単に切り替えることができるため，目的に応じたグラフの作成や表現方法を学ぶ際にも活用することができる。

　例えば，高学年では自分たちの身の回りのことから調べてみたいことを見つけて調査し，その調査結果をまとめる学習を行う際に活用することができる。これまでの学習を振り返り，伝えたいことに合わせて表やグラフを選択し作成する課題である。表計算の機能を用いることで，データや表を修正したり，グラフの範囲や種類を変更したりと試行錯誤しながら取り組むことができる。なお，作成した表やグラフは文書作成アプリやプレゼンテーションアプリなどに貼り付けて活用することができる。

○プレゼンテーション資料の作成

　プレゼンテーション資料を作成するためのアプリ（Windows 版 PowerPoint，iOS 版 Keynote）等を活用することができる。デザインテンプレートが用意されたスライドに表やグラフ，図形，写真，テキストボックスなどを挿入したり，アニメーションや画面切り替えの機能をつけたりすることができる。また，各スライドに音声を録音し，スライドをつなぎ合わせビデオ形式に書き出すことで動画を作成することができる。

　例えば，英語科での自己紹介や，理科や社会科等での調べ学習の成果を発表するための資料作成に活用することができる。プレゼンテーション資料の作成を通して，誰に何を伝えるのかを明確にし，聴き手に伝わる表現方法を考えることができる。

○動画撮影と映像編集

　動画を撮影したり，撮影した映像を編集したりする際に，映像編集アプリ（Windows 版フォト，iOS 版 Clips，iMovie）等を活用することができる。各教科等における様々な学習において，感じたことや考えたこと，調べたこと，創造したことを表現し，発信する場面で活用することができる。また，学習記録として動画を撮影しておくことで，学習の振り返りとしても活用することができる。

　例えば，国語科や英語科においてインタビューや発表を撮影・編集して動画を作成したり，話す姿を録画することで発表活動の振り返りに活用することができる。また，委員会活動やクラブ活動などの紹介動画の作成にも活用することができる。

○ Web 会議システムで意見交換

　Web 会議システムの一つである Zoom（ズーム）[16] は Zoom ビデオコミュニケーションズが提供するインターネット環境を活用したサービスで，ミーティング ID やパスワードを共有することで，多地点で同時に対話したり発表資料を共有したりすることができる。

　Zoom を用いることで，児童においては自宅等の離れた場所からリアルタイムに先生や友達とコミュニケーションをとりながら，双方向の遠隔授業を受けることができる。また，他校の児童との交流の場としても活用することができる。

章末問題

(1) 情報活用能力の変化について，時代の流れに沿って説明しなさい。

(2) 情報活用能力の具体例を，3つの区分に分けて，それぞれ挙げなさい。

(3) 発達段階に応じた情報教育について，概要をまとめなさい。

(4) カリキュラム・マネジメントについて，概要をまとめなさい。

(5) タブレット端末の操作に慣れていない小学校低学年を対象とし，カメラ機能を活用した学びを具体的に（どの場面でどのような手順で取り組むのかなど）説明しなさい。

(6) 各教科における目標を達成するためにアプリを選択し，活用方法について説明しなさい。

参考文献

1) 佐伯胖：「コンピュータで学校が変わるか」，教育社会学研究第 51 集，pp.30-52，1992 年
2) 文部省：「情報教育に関する手引」，1990 年
3) 文部科学省：「教育の情報化に関する手引」，2010 年
4) 文部科学省：「21 世紀を生き抜く児童生徒の情報活用能力育成のために」，2015 年
5) 文部科学省：「情報教育の実践と学校の情報化～新「情報教育に関する手引」～」，2002 年
6) 文部科学省：「幼稚園，小学校，中学校，高等学校及び特別支援学校の学習指導要領等の改善及び必要な方策等について（答申）」，2016 年
7) 文部科学省：「学習の基盤となる資質・能力としての情報活用能力の育成」，2019 年
8) 文部科学省：「幼稚園教育要領」，2017 年
9) 文部科学省：「幼稚園，小学校，中学校，高等学校及び特別支援学校の学習指導要領等の改善及び必要な方策等について（答申）（中教審第 197 号）」，2016 年
10) 文部科学省：「学校と保護者等との間で確認・共有しておくことが望ましい主なポイント」
11) 文部科学省：「児童生徒の健康に留意して ICT を活用するためのガイドブック（令和 4 年 3 月改訂版）」
12) Preferred Networks「プレイグラムタイピング（Preferred Networks）」：
https://typing.playgram.jp/
13) 文部科学省：「StuDX Style（スタディーエックス　スタイル）」
14) ロイロノート school, https://n.loilo.tv/ja/
15) Google Classroom, https://edu.google.com/workspace-for-education/classroom/
16) Zoom, https://zoom.us/

※URL については，2022 年 11 月アクセス

第 3 章 ● ICT を活用した教材開発と指導法

　この章では，教員に求められる ICT を活用した指導力と育成を目指す資質能力について，学習場面ごとに分類し，ICT を効果的に活用した指導事例や基本的な指導法について示す。また，「個別最適な学びと協働的な学びの一体的な充実」[1] の実現や STEAM 教育[2] による教科横断的なアプローチで問題を発見し解決策を考える「主体的・対話的で深い学びの実現」に向けた授業改善を目指す。なお，ICT を単に利用するだけでなく，活用することで「どのような学びの効果が期待できるのか」「どのような力が育成されるのか」を明確にする必要がある。

1節 ICT を活用した学習指導

1. 学習場面に応じた ICT の活用

　ここでは，図 3-1 に示す「教育の情報化に関する手引」[3] の「第 4 章　教科等の指導における ICT の活用」に示される「学校における ICT を活用した学習場面」のそれぞれにおける ICT 活用事例及び活用ポイントを示す。

　GIGA スクール構想[4] により「児童（生徒）1 人 1 台端末活用」が進み，各教科等の指導

A　一斉学習	B　個別学習		C　協働学習	
挿絵や写真等を拡大・縮小，画面への書き込み等を活用して分かりやすく説明することにより，子どもたちの興味・関心を高めることが可能となる。	デジタル教材などの活用により，自らの疑問について深く調べることや，自分に合った進度で学習することが容易となる。また，一人一人の学習履歴を把握することにより，個々の理解や関心の程度に応じた学びを構築することが可能となる。		タブレット PC や電子黒板等を活用し，教室内の授業や他地域・海外の学校との交流学習において子供同士による意見交換，発表などお互いを高めあう学びを通じて，思考力，判断力，表現力などを育成することが可能となる。	

A1 教員による教材の提示

画像の拡大提示や書き込み，音声，動画などの活用

B1 個に応じる学習

一人一人の習熟の程度等に応じた学習

B2 調査活動

インターネットを用いた情報収集，写真や動画等による記録

C1 発表や話合い

グループや学級全体での発表・話合い

C2 協働での意見整理

複数の意見・考えを議論して整理

B3 思考を深める学習

シミュレーションなどのデジタル教材を用いた思考を深める学習

B4 表現・制作

マルチメディアを用いた資料，作品の制作

B5 家庭学習

情報端末の持ち帰りによる家庭学習

C3 協働制作

グループでの分担，協働による作品の制作

C4 学校の壁を越えた学習

遠隔地や海外の学校等との交流授業

図 3-1　学校における ICT を活用した学習場面

でICTを活用することは，より子どもたちの学習への興味・関心を高め，分かりやすい授業や「主体的・対話的で深い学び」（→p.13）の実現や，個に応じた指導の充実につながるため，ICTを活用した教科指導力がなお一層求められる。ICTを活用することにより「一斉指導による学び（一斉学習）」に加え，「子どもたち一人一人の能力や特性に応じた学び（個別学習）」や「子どもたち同士が教えあい学び合う協働的な学び（協働学習）」を組み合わせた授業改善や指導力が必要となる。なお図3-1に示される10の分類例は，ICTを活用した典型的な学習場面であるが，ICTを活用した学習活動はこれらに限られるものではない。

　教科等の指導でICTを活用する際の活用主体としては，
　　・教員が活用する…学習指導の準備や評価，及び授業におけるICTの活用
　　・児童生徒が活用する…授業や家庭学習等におけるICTの活用
である。各教科等においてICTを活用する際には，単にICT機器を指導に取り入れれば，情報活用能力が育成されたり，教科等の指導が充実したりするわけではなく，活用することで「どのような効果が期待できるか」「どのような力を育成できるのか」を事前に明確にしておく必要がある。各教科等において育成すべき資質・能力を見据えた上で，ICTを活用する場面と活用しない場面を効果的に組み合わせることが重要である。なお，オンライン学習については第8章で述べる。

○A　一斉学習　一斉学習（一斉指導による学び）の場面は，図3-1のAに示されているように画像・動画・音声を活用するだけでなく，黒板やプリント教材と組み合わせることによる「知識及び技能」の育成に効果的な事例が多い。オンライン学習においては，教員が提示する教材を画面共有するなどの工夫で同様の学習効果が期待できる。また，著作権等に配慮した上で作成した教材を繰り返し閲覧できるように工夫すれば，図3-1の【B1 個に応じる学習】【B5 家庭学習】の場面で活用できるため，学習の振り返りや理解が深まる効果が期待できる。さらに，対面とオンラインの一斉学習を組み合わせた授業では，例えば家庭学習を余儀なくされた児童生徒が授業に参加できる利点がある。

○B　個別学習　個別学習（個別最適な学び）の場面は，図3-1のBに分類・整理される。ICTを活用して個に応じた指導の充実を図ることは，児童生徒の基盤的な学力の確実な定着に有効的である。デジタル教材や動画教材などの活用により，個々の疑問について深く調べたり，繰り返し再生したり，個々の進度や興味関心に応じて学習することが容易となる。また，LMS（Learning Management System）やオンラインツール等を活用することで個々の学習履歴を把握し，提出課題のフィードバックを適宜行うなど，個々の理解や関心の程度に応じた学びを構築することが可能になる。通常の対面授業にオンライン教材を組み合わせることで，より「個別最適な学び」の実現が期待できる。図3-1の例以外に考えられるICT活用や教材の具体例を次に示す。

・B1）　個に応じる学習　教材を動画で作成し，一定の期間に学習者（受講者に限定）がいつ

でも視聴できるように公開すれば，個々のレベルに応じて再生速度を設定し，繰り返し閲覧できるため理解がより深まる。また学習内容の理解を深めるための課題やドリルを Google フォーム等で作成すると，個々のペースに合わせて繰り返し実施できるだけでなく，解答や解説を設定しておけば，その場でフィードバックが可能になるため，より理解が深まる効果が期待できる[5]。

・B2） **調査活動**　タブレット端末を用いたフィールドワークによって画像を撮影して**クラウド**に保存すると，個別学習だけでなく瞬時にクラス内で共有が可能になるため，個別調査と協働学習の同時進行が可能になる。ただし，撮影等についてはプライバシーや知的財産への配慮事項を事前に学習しておく必要がある。

・B3） **思考を深める学習**　デジタル教材によるシミュレーションを繰り返すことで，学習課題への関心が高まり，理解を深めることができる。例えばコインやサイコロ投げの試行について，実際にコインを投げる場合と，デジタル教材（表計算ソフトやプログラミング）で乱数を用いて実施する場合を比較し，デジタル教材の方が圧倒的に多い回数を実施して，確率がより理想値に近づくことを確認する。またプログラミング学習においては，実行結果を視覚的に確認し，問題の発見や解決策の提案につながる。

・B4） **表現・制作**　音声や動画，センサなどの多様なデジタルメディアを用いた表現が可能になる。また，自筆のデッサンや絵画などをスキャナー等で取り込むなど，アナログとデジタルの複合的な表現や，センサを用いて人の動きに反応する仕掛けなど，多様な表現が可能になる。

・B5） **家庭学習**　動画教材やドリルなどを個々のペースに合わせて予習や復習に利用できるため，高い学習効果が期待できる。

○C　**協働学習**　協働学習（協働的な学び）の場面は，図 3-1 の C に分類・整理される。問題を発見し解決するための話し合いや発表などの協働学習や協働制作では，思考力，判断力，表現力等の育成に加え，主体的・対話的で深い学びの実現が期待できる。タブレットを活用した調査活動や情報の収集・共有，コンテンツの協働制作など ICT を活用することで，多くの情報を迅速に収集・分析・表現・共有できたり，オンラインツールや教材が利用できるため，それらを場面によって組み合わせることで，より効果的な学習が期待できる。グループ学習の進行については，グループごとに進捗状況に差が生じることがあるため，あらかじめ役割分担をしておくことや，進行方法を提示・説明し，ワークシートなどの教材を準備するなど，教員の準備と指導力が求められる。図 3-1 の例以外に考えられる ICT 活用や教材の具体例を次に示す。

・C1）　**発表や話合い**　ある学習課題について，個々の児童生徒が電子掲示板やホワイトボードへ直接意見を書き込み，大画面に提示して意見を共有して考えを伝えあうことや，作品や発表の相互評価のために電子掲示板を用意し，その場で他者評価をフィードバックし，再構築に利用する。また，メッセージ機能を利用した話合いも考えられる。さらに，相互評価や自己評価についてあらかじめ設定した評価観点や基準に基づいて，Google フォーム等で入力用フォームを作成し，発表後にグループごとの評価の入力結果を瞬時に公開・共有することができるため，責任ある評価活動や内容の再構築等の学習効果が期待できる。

・C2）　**協働での意見整理**　グループ討議の内容をホワイトボードツールの付箋に意見を書き込み・整理・まとめ，共有しながら発表する。

・C3）　**協働制作**　クラウドに保存したコンテンツをグループのメンバーで共有して，協働作業しながら制作する。また，ホワイトボードツールを使った協働作業や協働制作の活用事例もある。

・C4）　**学校の壁を越えた学習**　地域と連携した調査活動（B2）や提案，国際交流など ICT活用により遠隔地の人々との交流が容易になる。国際交流については，単にインターネットでつなぐだけでなく，交流することで，何を学ぶのか，どのような力が育成できるのかをあらかじめ学習者に示すことが重要である。また英語だけでなく母語を使うことで，より異文化の理解が深まる。アジア・オセアニアの国々であれば時差が少なく授業内の交流が可能である。

2.　教員に求められる情報活用能力

　小・中・高等学校の学習指導要領（小・中学校では平成 29 年，高等学校では平成 30 年告示）の総則では「情報活用能力の育成を図るため，各学校において，コンピュータや情報通信ネットワークなどの情報手段を活用するために必要な環境を整え，これらを適切に活用した学習活動の充実を図ること」と記されている。また，情報教育の3観点8要素（→ p.19 図 2-1）だけでなく，各教科等において育成を目指す資質・能力の三つの柱（→ p.20）が明確化されている[6]。以上を踏まえると，教員は育成を目指す資質・能力や学習場面に応じた情報通信技術を効果的に活用した指導事例を理解し，次に示す内容の「基礎的な指導法」を身に付ける必要がある。

〈基礎的な指導法〉
・問題の発見・解決・創造の学習過程での活用（フィールドワーク・観察・情報収集）
・データの編集や分析と表現（意味のある情報として表現する）
・コミュニケーション・相互評価・他者評価・フィードバック

　また，「教育の情報化に関する手引」では，「例えば，教師の採用選考試験において，「教員の ICT 活用指導力チェックリスト」[7]（→ p.124）を意識した選考を行うことなどの工夫が考えられる」と記されている。

2節 ICTを効果的に活用した指導事例

1. 小学校における実践事例

　ここでは，小学校でのいくつかの教科における**ICTを活用した授業実践**例について紹介する。以下の実践例を示した表中の「活用場面」は「ICTを活用した学習場面」を指し，ICTを活用した学習場面の10の分類例（図3-1）の分類番号，ICTの活用目的，学習の手順例において対応する場面の番号を示している。各教科等の指導において大切なことは，「ICTを活用すれば情報活用能力が必ず育成されたり，各教科等の学びが自然と深まるわけではない」「使う場面やタイミングなど展開によっては逆効果もある」ということである。各教科等で育成すべき資質・能力を踏まえ，対象とする学習者に合わせた活用方法を検討する必要がある。

○国語科　小学校国語科では，言葉による見方・考え方を働かせ，言語活動を通して，国語で正確に理解し適切に表現する資質・能力を育成することを目指している[8]。その学びの中で「思考力，判断力，表現力等」に整理される「A話すこと・聞くこと」，「B書くこと」，「C読むこと」の領域では，大型提示装置やデジタル教科書の活用，情報検索，文章やプレゼンテーション資料の作成，動画撮影・編集などが考えられる。例えば，表3-1には【B4 表現・制作】として，対象とする相手や目的に合わせた文章を作成する実践例について整理する。**文書作成ソフト**を用いることで構成を再検討したり，言葉を推敲したり，文字だけでなく写真や図形などを用いて表現を工夫することができ，表現力を高める学習へつなげることができる。

表 3-1　小学校国語科における ICT を活用した実践例

対象学年	小学校5年生
教科/単元	国語科/おすすめの本紹介
学習目標	対象とする相手や目的を明確にして，推薦する文章を作成する。
課題内容	小学1年生におすすめの絵本を紹介するチラシを作ろう。
学習の手順例	①図書室で小学1年生におすすめする絵本を探し，表紙などの写真を撮る。 ②ワークシートに絵本の内容や，おすすめする理由などを整理して書く。 ③対象に合わせた「おすすめの絵本紹介」を文書作成ソフトを用いて作成する。見出しや呼びかけ，書式やレイアウト，写真や図の挿入，おすすめポイントなどを工夫する。 ④作成したものを読み合い，感想を伝え合い，再検討する。 ⑤「おすすめの絵本紹介」を掲示して反応を聞く。学習の振り返りを行う。
活用場面	【B4 表現・制作】文書作成ソフトでの表現，学習の手順例③
準備物	ワークシート，カメラ機能，文書作成ソフト，プロジェクタ

○算数科　小学校算数科では，数学的な見方・考え方を働かせ，数学的活動を通して，数学的に考える資質・能力を育成することを目指している[8]。その学びの中で，ICTを活用してデータなどの情報を処理，分類・整理したり，伝えたいことを表やグラフで表現したり，図形を動

的に変化させて考えるなどの学習が考えられる。また，見方・考え方の比較や意見交換，発表の場面においても ICT を効果的に活用することができる。

　例えば，表 3-2 には【A1 教員による教材の提示】として，**表計算ソフト**を用いて目的に応じた適切なグラフを考える実践例について整理する。この実践例では，教員がグラフを作成し提示しているが，高学年では学習者が作成することも考えられる。表計算ソフトでは様々なグラフを容易に作成でき，目的に応じたグラフの選択や，伝えたいことを明確にするための表現方法を考える学習につなげることができる。また，表 3-3 には【C1 発表や話合い】として，見方・考え方を共有する場面での実践例について整理する。ICT を活用することにより個々の考えを記録し，それを学級全体で共有することができる。

表 3-2　小学校算数科における ICT を活用した実践例（1）

対象学年	小学校 3 年生
教科 / 単元	算数科 / 複数の棒グラフを組み合わせたグラフ
学習目標	目的に応じて適切なグラフを選択する。
課題内容	3 年生全体（1 組と 2 組）で好きな遊びを調べ，その結果を表にした。学級ごとの違いが分かるようにグラフに表してみよう。
学習の手順例	①課題内容とグラフ用紙を設けたワークシートを配付する。 ②種類ごとの違いが分かるグラフを個人で考え，ワークシートに描く。 ③4 人程度の班で作成したグラフを共有し，共通点や相違点などグラフの特徴を考える。 ④作成したグラフとその特徴について，全体で共有する。 ⑤教員が表計算ソフトで作成した「縦に積み上げるグラフ」と「横に並べるグラフ」を切り替えて提示し，グラフの書き方と特徴を整理する。 ⑥目的に応じたグラフについて確認する。学習の振り返りを行う。
活用場面	【A1 教員による教材の提示】表計算ソフトでのグラフ選択，学習の手順例⑤
準備物	ワークシート，表計算ソフト，プロジェクタ

表 3-3　小学校算数科における ICT を活用した実践例（2）

対象学年	小学校 4 年生
教科 / 単元	算数科 / 図形の面積の求め方
学習目標	L 字型の図形の面積の求め方を説明する。
課題内容	右の図のような形の面積を求めましょう。
学習の手順例	①課題内容と解答欄を設けたワークシートを配付する。 ②面積の求め方について自分の考えをワークシートに書く。 ③ワークシートを写真に撮り，**ロイロノート**に提出する。 ④全員の考えを共有し，誰の説明を聞きたいかを探す活動を通して，他の考えと比較する。 ⑤友達から指名された 5 人程度が順に前に出て，面積の求め方を説明する。 ⑥面積の求め方を確認し，学習を振り返る。
活用場面	【C1 発表や話合い】見方・考え方の共有，学習の手順例④
準備物	ワークシート，カメラ機能，ロイロノート（共有できるアプリ），プロジェクタ

〇**理科**　小学校理科では，自然に親しみ，理科の見方・考え方を働かせ，見通しを持って観察，実験を行うことなどを通して，自然の事物・現象についての問題を科学的に解決するために必要な資質・能力を育成することを目指している[8]。その学びは直接体験が基本であるが，問題解決の学習過程において，情報収集，観察や実験での記録やデータ処理，グラフ作成，考えの共有など，ICT を適切に活用することで学びの充実を図ることができる。

　例えば，表 3-4 には【A1 教員による教材の提示】【B2 調査活動】として，Web 上にある**学習支援コンテンツ**を活用した実践例について整理する。この実践例では，単元の導入時に学習の見通しを持つために，また課題発見や解決の手立てとして ICT を活用している。学習支援コンテンツは対象や課題内容に合わせて選定することが重要となるが，文部科学省（子供の学び応援サイト）[9] に示される教科ごとのリンク一覧が参照できる。

表 3-4　小学校理科における ICT を活用した実践例

対象学年	小学校 5 年生
教科 / 単元	理科 / メダカの誕生
学習目標	メダカの生態や産卵について，興味・関心をもつ。
課題内容	メダカの飼育や観察に関して調べて分かったことを整理し，飼育の計画を立てよう。
学習の手順例	①課題内容と記述欄を設けた **QR コード**付きワークシートを配付する。 ② QR コードを読み取り，NHK for School[10] ※1 ふしぎがいっぱい（5 年）「魚のたんじょう」を班に分かれて視聴する。飼育や観察に関して気付いたことをワークシートに書く。 ③班で共有し，調べたいことを整理する。動画クリップ等を用いて調べる。 ④メダカの飼育や観察に関して分かったことを学級全体で共有する。 ⑤実際にメダカを飼育し，顕微鏡等での観察を通して成長過程を確認する。
活用場面	【A1 教員による教材の提示】学習の見通し，学習の手順例② 【B2 調査活動】課題の発見と解決，学習の手順例③
準備物	ワークシート，Web ブラウザ，学習支援コンテンツ，プロジェクタ

〇**生活科**　小学校生活科では，具体的な活動や体験を通して，身近な生活に関わる見方・考え方を生かし，自立し生活を豊かにしていくための資質・能力を育成することを目指している[8]。それらの資質・能力は体験活動と表現活動との繰り返しの中で育成されるが，表現活動においては記録や表現する方法として ICT を活用することできる。

　例えば，表 3-5 には【B2 調査活動】として，生き物が成長する過程での観察記録に ICT を活用した実践例について整理する。**カメラ機能**での記録を通して新たな気付きにつなげたり，継続的に記録することで学習を振り返ることができる。なお，ICT の活用は，低学年の児童にとっては発達段階的に戸惑うことも多いと考えられる。操作方法を事前に確認するとともに，発達の段階や特性を十分に配慮し計画的に，適切に活用していくことが重要である。

※ 1　NHK for School では，日本放送協会（NHK）が制作した学校教育向けの「ばんぐみ」や学習のエッセンスを簡潔にまとめた学習動画「クリップ」などを配信している。先生向けのモードでは，学習指導要領の項目や検定教科書の目次から対応する学習コンテンツを検索することができる。

表 3-5　小学校生活科における ICT を活用した実践例

対象学年	小学校 2 年生
教科 / 単元	生活科 / 生き物の飼育
学習目標	卵から育てたアゲハの成長の様子を他の人に伝える。
課題内容	分かったことや頑張ったことをまとめて，アゲハの成長新聞を作ろう。
学習の手順例	①アゲハを育てる過程で，興味や関心を抱いたことを撮影しておく。 ②アゲハの成長新聞で何を伝えたいか，分かったことや頑張ったことをワークシートに整理し，班で共有する。壁新聞に貼る写真を伝えたいことに合わせて選び，印刷する。 ③文字やイラスト，写真等を用いて，アゲハの成長新聞を作成する。 ④完成した成長新聞を掲示し，感想を伝え合い，学習を振り返る。
活用場面	【B2 調査活動】静止画による観察記録，学習の手順例①
準備物	ワークシート，カメラ機能，画用紙，サインペン，プリンタ

○外国語科　小学校外国語科では，外国語による聞くこと，話すことの言語活動を通して，コミュニケーションを図る素地となる資質・能力を育成することを目指している[8]。その体験の中で，デジタル教材や音声・動画の活用，Web 会議システムを用いた交流などが考えられる。

　例えば，表 3-6 には，【A1 教員による教材の提示】【C3 協働制作】【C4 学校の壁を越えた学習】として，日本について英語で紹介する動画を作成する実践例について整理する。ネイティブ・スピーカーが話す手本動画は繰り返し聞くことができる。また，学習者が話す姿を録画することで，発表活動を振り返ることができる。なお，ここでは ICT 活用そのものが目的ではないため，スライド作成や動画編集に必要以上の時間や労力をかけないように配慮する。

表 3-6　小学校外国語科における ICT を活用した実践例

対象学年	小学校 6 年生
教科 / 単元	英語科 /Welcome to Japan
学習目標	日本のことについて，外国の人に英語で紹介する。
課題内容	都道府県における名所や名産，文化などを英語で紹介する動画を作成しよう。
学習の手順例	①課題内容について確認し，手本例の動画を視聴する。 ②班になり紹介する都道府県の名所や名産，文化などを調べ，それぞれの担当と発表内容を決める。日本語と英語で紹介文を考え，ワークシートに整理する。 ③英語でスライド資料を作成し，見出しやレイアウト，写真などの表現方法を工夫する。スライド資料に合わせて英語で発表し，その様子を録画して動画を作る。 ④作成した動画は視聴し合い，感想を伝え合い，再検討をする。 ⑤**クラウドストレージ**を用いて外国の人に届け，学習を振り返る。
活用場面	【A1 教員による教材の提示】手本動画の視聴，学習の手順例① 【C3 協働制作】スライド資料と動画の作成，学習の手順例③ 【C4 学校の壁を越えた学習】外国の人との交流，学習の手順例⑤
準備物	ワークシート，Web ブラウザ，プレゼンテーションソフト，動画編集ソフト，クラウドストレージ

　ここでは，中学校でのいくつかの教科における ICT を活用した授業実践例について紹介する。以下の実践例を示した表中の「活用場面」は「ICT を活用した学習場面」を指し，ICT を効果的に活用した学習場面の 10 の分類例（図 3-1）の分類番号，ICT の活用目的，学習の手順例において対応する場面の番号を示している。

○社会科　中学校社会科では，社会的な見方・考え方を働かせ，課題を追究したり解決したりする活動を通して，広い視野に立ち，国際社会に主体的に生きる平和で民主的な国家及び社会の形成者に必要な公民としての資質・能力の基礎を育成することを目指している[11]。その課題解決の学習過程において，現代の諸課題に関する画像や映像等を見聞きしたり，様々な資料から情報を収集し読み取ったり，目的に応じて調査を実施し記録したり，結果を考察しまとめたりすることなどに ICT を活用することができる。

　例えば，表 3-7 には，【A1 教員による教材の提示】【C1 発表や話合い】として，**SDGs** について考える実践例について整理する。導入では学習支援コンテンツやドキュメンタリー動画等を視聴することで，学習内容を概観するとともに実社会の課題として興味・関心を持つことができる。また，学習者の考えを即時に集計し全体で共有できるアンケート作成アプリを用いることで，テーマ決めやチーム分けなど，学習者の反応を踏まえた授業が展開できる。

表 3-7　中学校社会科における ICT を活用した実践例

対象学年	中学校 3 年生
教科 / 単元	社会科公民的分野 / 持続可能な世界を目指して
学習目標	持続可能な世界に向けての課題について考えを整理し，行動目標を立てる。
課題内容	SDGs17 の目標から取り組みたい課題を決めて調査し，レポートにまとめよう。
学習の手順例	①SDGs に関する学習支援コンテンツやドキュメンタリー動画を視聴し，学習内容について概観する。SDGs 副教材を読み，知らなかったことや関心を持ったことに線を引く。 ②4 人程度の班になり，感じたことや考えたことを共有する。 ③これまでの経験や関心から優先的に取り組みたい目標に順位をつけ，その理由を説明する。**Google フォーム**に解答し，集計結果を全体で共有する。 ④これからの社会を持続可能でよりよくするためにどうすれば良いかをテーマごとに分かれて対話し，調べたい課題を設定する。 ⑤設定した課題について調査，考察し，レポートにまとめる。
活用場面	【A1 教員による教材の提示】学習内容の概観，学習の手順例① 【C1 発表や話合い】集計結果の共有，学習の手順例③
準備物	SDGs 副教材[12]，Google フォーム（アンケート作成アプリ），プロジェクタ

〇**理科**　中学校理科では，自然の事物・現象に関わり，理科の見方・考え方を働かせ，見通しを持って観察，実験を行うことなどを通して，自然の事物・現象を科学的に探究するために必要な資質・能力を育成することを目指している[11]。その学びの中で，観察や実験の記録，データ処理，結果の分析，共有等に ICT を活用することで，探究の目的に合わせて総合的に考察することができ学びを深めることができる。また，計測しにくい量や変化を数値化，視覚化して捉えることや，観測しにくい現象などをシミュレーションすることも可能になる。

　例えば，表 3-8 には，【A1 教員による教材の提示】【B2 調査活動】として，タブレット端末に接続した**デジタル顕微鏡**を用いて観察する実践例[13] について整理する。導入では観察で用いる鉱物等を赤玉土から採取する過程を動画教材にしているが，作業に時間を要したり危険が伴う場合や，実際に行くことができない場所での実験，観察，準備などを動画にすることは効果的であり，学習者はニーズに合わせて繰り返し再生することができる。また，デジタル顕微鏡を用いることで，顕微鏡から見える世界を他者と共有して対話することが可能になる。それらの観察記録をカメラ機能で残すことにより，記録を根拠とした考察や議論ができる。

表 3-8　中学校理科における ICT を活用した実践例

対象学年	中学校 1 年生
教科 / 単元	理科 / 火山活動と火成岩
学習目標	火山灰に含まれる鉱物の種類と特徴を説明する。
課題内容	園芸用の赤玉土から取り出した火山噴出物をデジタル顕微鏡で観察し，その中に含まれる鉱物を探して観察しよう。
学習の手順例	①赤玉土から火山噴出物を採取する過程をまとめた動画教材を視聴する。 ②2 人ペアになり，タブレット端末に接続したデジタル顕微鏡を用いて，火山噴出物に含まれる鉱物を探して観察する。 ③見つけた鉱物は，カメラ機能を用いて記録を残す。 ④デジタルワークシートに，同定した鉱物の写真と観察から分かった特徴を書き出す。ワークシートはロイロノートで提出し，全体で共有する。 ⑤教員は鉱物の種類と特徴を整理し，学習を振り返る。
活用場面	【A1 教員による教材の提示】観察の準備，学習の手順例① 【B2 調査活動】静止画による観察記録，学習の手順例②，③
準備物	デジタル顕微鏡，カメラ機能，動画教材，デジタルワークシート，ロイロノート（共有できるアプリ），プロジェクタ，赤玉土から取り出した火山噴出物

〇**保健体育科**　中学校保健体育科の技能では，ICT を活用して模範となる動きを確認したり，学習者の動きを録画して確認することで課題点を明確にし，解決方法を考える際の参考にすることができる。また，球技のゲームや武道の試合，ダンスの発表などを録画することで，個人の動きや相手との攻防，仲間との連携等を話し合い振り返ることができる。その他に，デジタル教材等の活用，学習者の考えを把握するためのアンケート調査，情報収集や発表場面におけるプレゼンテーション資料の作成などに ICT を活用することができる。

　例えば，表 3-9 には，【A1 教員による教材の提示】【C2 協働での意見整理】として，班で動きを確認してラジオ体操を行う実践例について整理する。模範となる映像と学習者の動きを録画し比較することで正しい動きを見出すことができ，運動の効果を高めることができる。

表 3-9　中学校保健体育科における ICT を活用した実践例

対象学年	中学校 1 年生
教科 / 単元	体育科 / ラジオ体操
学習目標	運動の効果を高めるために，正しくラジオ体操をする。
課題内容	正しくラジオ体操をするために，改善すべきところを発見しよう。
学習の手順例	① QR コードを読み取り，模範となる手本『ラジオ体操第一』を視聴する。 ② 13 種類から成るラジオ体操の一つ一つの動きを確認して，練習をする。 ③班でラジオ体操をして，その動きを録画する。 ④手本動画と動きを比べ，違っている点と改善点を班で話し合う。話し合ったことをワークシートに書き写真に撮って，Slack に提出する。その後全体で共有する。 ⑤大型ディスプレイを見ながら，改善点を意識してラジオ体操を行う。
活用場面	【A1 教員による教材の提示】模範となる動きを提示，学習の手順例① 【C2 協働での意見整理】課題の把握と改善のための意見整理，学習の手順例④
準備物	ラジオ体操第一 [14)]，Web ブラウザ，ワークシート，カメラ機能，Slack（共有できるアプリ），大型ディスプレイ

〇**特別活動**　学級活動，生徒会活動やクラブ活動，学校行事における特別活動の指導場面においても ICT を活用することができる。その際教員が活用するだけでなく，学習者が問題を見つけ課題解決のために適切に ICT を活用することで，主体的・対話的で深い学びの実現につなげることができる。各指導場面における ICT の活用例について，下記に整理する。

・学級活動における指導場面

　議題に関する資料や映像等を大型提示装置で示したり【A1 教員による教材の提示】，議題に対する個人の意見を収集し全体で共有することで考えを可視化し，分類や整理をしながら話し合い【C1 発表や話合い】，合意形成【C2 協働での意見整理】を目指すことができる。また，ICT を活用することにより議題に関して記録を残すことができる。

・生徒会活動やクラブ活動における指導場面

　生徒総会などでの議案説明や実施したアンケートの調査の結果報告【A1 教員による教材の提示】，生徒会活動やクラブ活動における紹介動画の作成【C3 協働制作】などに ICT を活用することができる。また，生徒会役員による学校内外への広報活動や啓発活動，生徒会だよりの配信【B4 表現・制作】なども情報通信ネットワークを通じて行うことができる。

・学校行事における指導場面

　全校もしくは学年など大きな集団を挙げての行事では，動画や静止画などを用いての活動記録【B2 調査活動】を残すことが大切である。クラウドストレージ等を用いて，活動記録を共有し状況を確認することで，課題を見つけ改善するための方法を考えることができる。また，記録を蓄積しておくことで，前年度までの工夫や反省を踏まえて今年度に活かすことができる。また，研究発表大会など校内外での取り組みは，対面学習と Web 会議システムを用いたオンライン学習を併用した**ハイフレックス型**【C4 学校の壁を越えた学習】で実施することができる。学外の生徒や専門家，保護者などと交流することで，学びを深めることができる。

ここでは，高等学校でのいくつかの教科における ICT を活用した授業実践例[3) 15)] について紹介する。以下の実践例を示した表中の「活用場面」は「ICT を活用した学習場面」を指し，ICT を活用した学習場面の 10 の分類例（図 3-1）の分類番号，ICT の活用目的，学習の手順例において対応する場面の番号を示している。

○国語科　高等学校国語科では，主体的な言語活動を取り入れるための ICT 活用が求められている[15)]。思考力，判断力，表現力等の各領域における学習過程を踏まえながら，より効果的に活用することが重要である。例えば，授業の冒頭において学習目標や学習活動の流れ，留意点を提示したり，教科書の本文，図表や動画等の資料を提示したりすることが考えられる。また，表 3-10 では登場人物が旅をした経路を調べ，生徒がタブレット端末を用いて，地図を作成する取り組みによって，古文を読むことに積極的に取り組んだり，話し合ったりする活動につながるとともに，その内容をクラス全体で共有することができる。

表 3-10　高等学校国語科探究における ICT を活用した実践例

科目内容	古典：紀行文
学習目標	登場人物が旅をした経路図を作成してみよう。
課題内容	経路図を作成して，古文を読むことに抵抗なく，興味を持って取り組む
学習の手順例	①登場人物が旅をした経路について，地図を添付したワークシートに生徒のタブレット端末を用いて，具体的にその経路を記入する。 ②グループごとの地図を提示して共有する。 ③登場人物が旅をした経路を把握して原文学習に取り組む
活用場面	【B2 調査活動】経路の調べ学習，学習の手順例① 【B4 表現・制作】地図の作成，学習の手順例① 【C1 発表や話合い】グループ討議，学習の手順例② 【C3 協働制作】グループ制作，学習の手順例②
準備物	地図を添付したワークシート

○地理歴史科　高等学校地理歴史科では，ICT 活用について資料の提示や活用だけでなく社会的事象等について調べまとめる学習活動の一層の充実が求められる[15)]。ICT 活用により，課題解決的な学習過程の導入において，課題の設定時に課題を把握し，課題解決の見通しを持って取り組める学習効果が重要視されている。

例えば，表 3-11 では事前調査においては情報通信ネットワークを活用することによって，より幅広い調査活動や情報収集が可能になる。また，生徒自ら課題や仮説を設定する場面，収集した情報を分析して考察・構想していく場面，提案を可視化するなどまとめて発表する場面等での効果的な活用が期待できる。

表 3-11　高等学校地理歴史科における ICT を活用した実践例

科目内容	地理探究
学習目標	地球環境問題の解決に向けて，何かできることを提案しよう。
課題内容	「日本の森林保全」についての課題を設定し SDGs などを参考に解決策の提案をレポートにまとめる。
学習の手順例	（例）学習課題の設定：森林保全の視点から，持続可能な林業を考える。 ①事前調査：日本の森林面積や森林の様子を調べる。 ②国土地理院のデータや GIS を活用して，地理情報の地図化やグラフ化。 ③解決策の見通し：「持続可能な社会づくりを担う林業振興とは」などの仮説を立てて探究する。 ④予想や仮説の検証：日本の木材供給の動向や先進事例を調べる。 ⑤考察や構想：解決策の提案をクラス内で発表し，他者評価を取り入れ再構築。
活用場面	【B2 調査活動】幅広い情報収集，学習の手順例①④ 【B4 表現・制作】分析結果の可視化や表現，学習の手順例②
準備物	課題提示用のスライド資料，目的の明確化や情報収集用のワークシート

○公民科　高等学校公民科では，現代の諸問題の解決に向けて公正に判断したり，合意形成や社会参画を視野に入れながら構想したり，また学習の効率化を図る，より効果的な ICT 活用が求められる[15]。さらに，ICT を活用するに当たっては**カリキュラム・マネジメント**により，ICT を活用している他教科等と連携・協力を図ることが考えられる。特に，情報科で学習する「情報に関する法規や制度」，「情報社会における個人の責任」，「情報モラル」などの単元との関連を図ることが重要である。表 3-12 では，【A1 教員による教材の提示】として，課題動画を視聴して諸問題を捉えやすくして生徒の意欲を高め，その場で意見収集をした結果を瞬時にグラフ化して提示し，生徒の意識や考え方の傾向をつかむことができる。

表 3-12　高等学校公民科における ICT を活用した実践例

科目内容	公共
学習目標	身近な社会の諸問題を考え解決策を討議して提案しよう。
課題内容	現代の情報化社会の諸問題に関するニュースやドキュメンタリー動画を提示して問題提起し，グループで課題を設定して解決策を提案する。
学習の手順例	①課題動画の視聴。 ②課題を設定し，Google フォーム等を利用したアンケートの実施。 ③その場でアンケート結果をグラフ化して生徒の実態や傾向を把握する。 ④グループ討議により意見交換や疑問点を整理や情報の精選を行う。 ⑤課題解決に向けて考察・構想・提案・発表する。
活用場面	【A1 教員による教材の提示】動画の提示による課題の理解，学習の手順例① 【B2 調査活動】情報収集，学習の手順例② 【B3 思考を深める学習】グラフや図で表現，学習の手順例③ 【C2 協働での意見整理】意見交換や情報の精選，学習の手順例④ 【C1 発表や話合い】発表，学習の手順例⑤
準備物	動画映像による問題提起，Google フォーム等によるアンケート，目的の明確化や情報収集用のワークシート

○**数学科**　高等学校数学科では，ICT を活用してグラフや図形を描いてシミュレーションを行ったり，結果を予測したり，考察したりすることが考えられる。表 3-13 では，【B3 思考を深める学習】で，具体的な四角形をコンピュータでいくつもかき，角の大きさを表示し，どのような場合に円に内接するかを考察する。さらに，四角形が円に内接する場合を命題の形で述べて証明する。

表 3-13　高等学校数学科における ICT を活用した実践例

科目内容	数学 A / 図形の性質
学習目標	円に内接する四角形の性質について理解できるようになろう。
課題内容	具体的な四角形をコンピュータでいくつもかき，どのような場合に円に内接するかを考察する。
学習の手順例	① ICT を活用して円と四角形をいくつかかき提示する。 ②どのような場合に四角形が円に内接するか考える。その際に辺の長さや角の大きさが表示されるようにしておく。 ③四角形が円に内接する場合を命題の形で述べてその解について話し合う。 ④命題の証明について，必要に応じてグループで考え発表する。
活用場面	【A1 教員による教材の提示】図形の提示による把握，学習の手順例① 【B3 思考を深める学習】円に内接する四角形の理解を深める，学習の手順例② 【C1 発表や話合い】命題の証明を話し合い発表する，学習の手順例③④
準備物	提示する図形スライド，解や命題の証明を書き込むワークシート

○**理科**　高等学校理科では，自然現象を科学的に探究するために ICT の適切な活用は効果的である[15]。例えば，データの収集や分析やシミュレーション，画像や動画の視覚的教材提示等で多くの学習場面において理解を深めることができる。表 3-14 の物理実験での計測・制御については，センサとコンピュータを用いた自動計測によって，精度の高い測定や多数のデータの取得を行うことができるようになる。結果の集計・処理については，データを数値化し，工夫したグラフの作成によって，類似性や規則性を見いだし法則の理解を容易にする。表 3-15 のような生徒が直接的に観察・実験しにくいものは，ICT を活用して，画像の拡大提示や動画などの視覚的で分かりやすい教材を教員が提示して，生徒の学習内容についての理解を深めることができる。

表 3-14　高等学校理科における ICT を活用した実践例（1）

科目内容	物理基礎 / 運動の法則
学習目標	物体に働く力と加速度の関係を理解しよう。
課題内容	「台車を一定の力で引き続けると，台車はどのような運動をするのか」
学習の手順例	①課題に対し，仮説を立てて実験を計画する。 ②センサを用いて時間と力学台車を引く力との関係，別のセンサを用いて時間と台車の速さとの関係を調べる。 ③物体に働く力と物体に生じる加速度との関係を見いださせる。
活用場面	【B2 調査活動，B3 思考を深める学習】センサを用いて時間と力学台車を引く力との関係，別のセンサを用いて時間と台車の速さとの関係を調べる，学習の手順例②
準備物	ワークシート，データ処理用のファイル（Excel）等

表 3-15　高等学校理科における ICT を活用した実践例（2）

科目内容	化学基礎 / 物質の変化とその利用
学習目標	中和反応について理解を深めよう。
課題内容	「食酢の中和滴定の実験」中和反応に関与する物質の量的関係を理解させる
学習の手順例	①「食酢の中和滴定の実験」を実施または提示する。 ②様々な酸や塩基の水溶液の組み合わせで実施する。 ③ pH メーターセンサで②のそれぞれの滴定曲線を作成する。 ④コンピュータ等を活用して得られた結果を分析する。 ⑤中和反応に関与する物質の量的関係を理解する。
活用場面	【A1 教員による教材の提示】実験の提示と課題の理解，学習の手順例① 【B3 思考を深める学習】滴定曲線の作成，学習の手順例③
準備物	実験機器，pH メーターセンサ，データ分析用ワークシート

● COLUMN　STEAM 教育

　AI や IoT などの急速な技術の進展により社会が激しく変化し，多様な課題が生じている今日，文系・理系といった枠にとらわれず，各教科等の学びを基盤としつつ，様々な情報を活用しながらそれを統合し，課題の発見・解決や社会的な価値の創造に結び付けていく資質・能力の育成が求められている。これまでの **STEM**（Science, Technology, Engineering, Mathematics）に加え，芸術，文化，生活，経済，法律，政治，倫理等を含めた広い範囲で A（Arts, デザイン・感性等）を定義し，各教科等での学習を実社会での問題発見・解決に生かしていくための教科等横断的な学習を推進している。（文部科学省「STEAM 教育等の各教科等横断的な学習の推進」より）

3節　ICT を活用した教材開発

1.　学習場面における教材例

　一斉学習や協働学習でのワークシート記入履歴や，個別学習におけるドリルや小テスト等の教材について，それぞれ評価規準を作成して評価する。協働学習における相互評価シートは，記入してその場で発表者へフィードバックすることが考えられる。またオンラインツールを利用すると，学習履歴やログデータにより，指導直後の評価が可能となるため，さらに効果が期待できる。表 3-16 に活用場面ごとの ICT 活用による教材開発例を示した。

表 3-16　学習場面ごとの ICT を活用した教材開発

場面	教材の内容	教材開発・手法等
A1	単元導入時の課題動画（5分程度）作成 Yes・No などの意識調査結果を瞬時にグラフ化して提示 小テスト機能で誤答が多い内容を提示・解説	スライド資料の録画機能を利用した動画教材の作成 **Google フォーム**のアンケート機能を活用した，意識調査等のアンケート作成や，テスト機能を利用した振り返りやまとめのための確認小テストの作成。 動画や教材の URL を掲示板や LMS で公開・共有して繰り返し閲覧できるように設定すると，【B5 家庭学習】の場面で活用可能となる。欠席者の自主的な学習用。
B1	演習用ドリル，単元やステップごとの確認問題，小テスト，A1 の動画教材と組み合わせた個別学習用教材[6]	Google フォームの「テストにする」の利用，得点・正解やフィードバックコメント，複数回利用可の設定，学習者は瞬時に振り返り可能。学習ログは Excel 等のシート形式で出力され，評価に利用可能。動画教材と組み合わせて個別最適な学習用教材として活用できる。
B2	**クラウド**の設定，フィールドワーク用のワークシート，調査内容入力用のフォーム	タブレット端末で情報収集しながら，情報をクラウドへ保存する。クラウドに準備したワークシートに調査内容を書き込む。また Google フォーム等を利用して調査用の入力用フォームを用意する。
B5	A1 の動画教材，B1 の個別学習用教材	掲示板や LMS で URL 掲載（期間や利用者の限定公開），動画とドリルを組み合わせた個別最適な学習教材。
C1	グループ発表の相互評価用入力フォーム 話し合い用の掲示板を設置（資料等も提示）	相互評価の観点と基準（ABC など）を入力できるシートを Googleフォーム等で作成し，グループ内で閲覧可能設定にする。お互いの評価がその場で確認できる。掲示板等を利用してグループ別のスレッドを用意する。
C2	意見整理用のホワイトボードと付箋	模造紙の代わりに **Jamboard** 等のホワイトボードツールで，グループ別討議用にシートを準備し，意見整理や合意形成を図る。

2.　ICT を活用した教材の作成

　文字，音声，画像，動画，スライド資料などを組み合わせて動画形式にして，授業外にも学習できる**オンデマンド教材**を作成しよう。**動画教材作成の手順**と配慮事項を以下に示す。
①動画教材の枠組みを決める
　まず初めに，作成する動画教材の対象や内容，目的といった枠組みを検討する。例えば，課題のゴールや見通しを持つために示す見本例動画（表 3-6）や，実験や観察，演習をするための準備や方法などを示した手順動画（表 3-8），課題内容やヒントなどを説明した課題提示動画，重要な用語や学習内容について説明した解説動画などが考えられる。また，授業内に一斉に視聴するのか，または授業外に予習用，あるいは復習用として活用するのかなど，活用方法についても検討しておく必要がある。そして，動画教材を視聴することで，学習者は何ができるようになるかといった教材のねらいや，学習者が意欲的に深く学ぶための工夫を検討しておく。

なお，いつでもどこでも学習が継続できるオンデマンド教材は，分からないことがあっても，すぐに教員に質問をして確かめることができない。そのため，学習者の立場に立ってどのような問いかけをすると理解できるか，話し方や話すスピードなども検討しておく必要がある。

　例えば，問題と解説を合わせた動画教材のスライド例（図3-2）の枠組みを下記に示す。

・対象と内容：高校1年生，集合の共通部分，和集合，補集合
・教材のねらい：図を書いて，集合の共通部分，和集合，補集合を求めることができる。
・活用方法と意欲的に深く学ぶための工夫：授業外の復習用として活用する。解説の際に図に色やアニメーションをつけて，どこを指しているのかを視覚的に分かりやすく表現する。

②目的に合わせてソフトを選択し，動画教材を作成する

　動画教材の枠組みが決まれば目的に合わせてソフトを選択し，作成する。例えば，課題提示動画や解説動画ではスライド資料に音声を吹き込み動画形式にするプレゼンテーションソフトの活用が考えられる。また，実験や観察，演習などの手順動画では，実際に撮影をしてその動画に文字や音声を入力して作成する動画編集ソフトの活用などが考えられる。

③動画教材のトライアウトを実施し，気付きを踏まえて改善する

　動画教材が作成できれば，仲間と交換し合い教材のトライアウトを実施する。評価者は教材の対象とする児童生徒になりきり学習し，その気付きをフィードバックする。作成者は相互評価での気付きを踏まえ，より良い教材に改善する。

問題 ⏸
一時停止して，考えてみよう
U = {1,2,3,4,5,6,7,8,9} を全体集合とする。 A = {2,4,6}，B = {1,3,4,7} について，次の集合を求めよ。 ⑴A∩B（AとBの共通部分） ⑵A∪B（AとBの和集合） ⑶Aの補集合

図3-2a

解説（1）

U = {1,2,3,4,5,6,7,8,9} が全体集合

A = {2,4,6}，B = {1,3,4,7} を図に表すと下のようになる

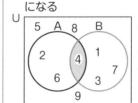

A∩B（AとBの共通部分）

AとBで重なり合ってる部分のことなので，左の図では**塗りつぶし**の部分になる

よって，塗りつぶしの部分に含まれている数字が答えになるので，**A∩B={4}** となる

図3-2b

章末問題

(1) 学習場面ごとの学習活動を参考に，アナログ教材とオンライン教材を組み合わせた学習活動の具体例を考案しなさい。

(2) 学習場面（ABC）を組み合わせた学習活動の具体例を考案しなさい。

(3) 授業実践例の枠組みを参考にして，あなたが専門とする教科において ICT を活用した授業を設計しなさい。

(4) あなたが専門とする教科の授業で活用できる Web 上の学習支援コンテンツを探し，それらを用いてどのような学びが展開できるかを説明しなさい。

(5) アンケート作成アプリ（例えば，Google フォーム）を用いて，学びを確かめるための教材（小テスト，自己評価，相互評価など）を作成しなさい。

参考文献

1) 文部科学省：「「個別最適な学び」と「協働的な学び」の一体的な充実」，2021 年
2) 文部科学省：「STEAM 教育等の各教科等横断的な学習の推進」，2022 年
3) 文部科学省：「教育の情報化に関する手引-追補版」，2020 年
4) 文部科学省：「GIGA スクール構想の実現について」，2021 年
5) 佐藤万寿美：「学習者の実態に応じたプログラミング学習における学びのデザイン」，日本情報科教育学会第 15 回全国大会論文集，pp.38-39，2022 年
6) 文部科学省：「小学校学習指導要領（平成 29 年告示）解説 総則編」，2017 年
7) 文部科学省：「教員の ICT 活用指導力チェックリスト」，2018 年
8) 文部科学省：「小学校学習指導要領（平成 29 年告示）」，2017 年
9) 文部科学省：「学習支援コンテンツポータルサイト（子供の学び応援サイト）」
10) NHK for School, https://www.nhk.or.jp/school/guideline/
11) 文部科学省：「中学校学習指導要領（平成 29 年告示）」，2017 年
12) UNICEF, SDGs ポータルサイト, https://www.unicef.or.jp/kodomo/sdgs/kyozai/
13) 吉川武憲：「赤玉土を使った火山灰中の鉱物観察」，日本地学教育学会第 75 回全国大会東京大会講演予稿集，14-15，2021 年
14) かんぽ生命：「ラジオ体操第一・実演」https://www.youtube.com/watch?v=_YZZfaMGEOU
15) 文部科学省：「高等学校学習指導要領（平成 30 年告示）」，2018 年
※ URL については，2022 年 11 月アクセス

教育データを活用した評価

教育のデジタル化のミッションは「誰もが，いつでもどこからでも，誰とでも，自分らしく学べる社会」の実現であり，そのためには教育データの①スコープ（範囲），②品質，③組み合わせ，の拡大・充実により，教育の質を向上させることが大切である。

1節 教育データの学習評価と指導への活用

1. 教育データの収集

これからの学校教育は，教育データの活用なしには成り立たない。令和4年1月7日にデジタル庁，総務省，文部科学省，経済産業省が共同して「教育データ利活用ロードマップ」[1] を出している。この内容に沿って，収集すべき教育データの定義と収集方法について述べる。

教育データの全体像は以下のとおりとなっており，全国の学校，児童生徒の属性，学習内容等で共通化できるものを対象に標準化が進められつつある。

①主体情報　児童生徒，教職員，学校等のそれぞれの属性等の基本情報を定義

②内容情報　学習内容等を定義

③活動情報　何を行ったのかを定義（狭義の学習活動だけではなく，関連する行動を含む）

これらの関係を示したものが図4-1である。学習活動は，教員が授業を行ったり，児童生徒が教材で問題を解いたりする際に得られる。

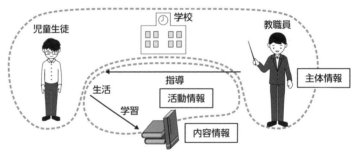

図4-1　教育データの全体像

学校では，生活活動や指導活動は校務情報として収集され，学習活動は学習履歴として1人1台端末から学習eポータルなどに収集される。これらの情報は，国として標準化が進められていくとともに，プラットフォームが整備され，外部教育機関との連携も進んでいく。

学習eポータルとは，日本の初等中等教育（学校教育）に適した共通で必要な学習管理機能を備えたソフトウェアシステムとされており，多様な学習の窓口機能，学習リソースの連携のハブ機能，文部科学省が運用する公的CBTへのアクセス機能を持つ。

教育データの処理は，教育データの蓄積と活用をつなぐものとして考える必要がある。この将来イメージは図4-2のようになっている。

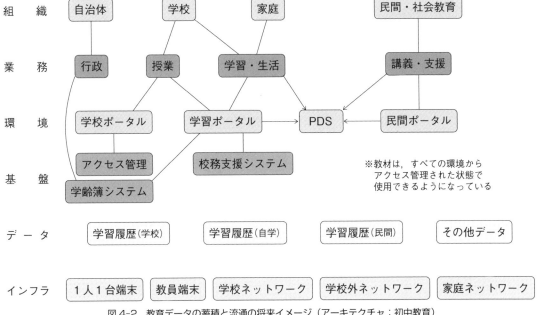

図4-2　教育データの蓄積と流通の将来イメージ（アーキテクチャ：初中教育）

　ここで押さえておかなければいけないのは，教育データが標準化されることで，自治体，学校，家庭，民間事業者・社会教育施設の連携がデータを介して可能となること，それらがPDS[1]として学習者が生涯にわたり自らのデータを管理できることである。

　また，学習者を特定することによってアクセス管理を個別に行うことが可能になるので，学習管理システムへの児童生徒のアクセスが把握できる。さらに，家庭や民間事業者・社会教育機関における学習内容の把握も可能になる。

　しかし，膨大なデータが教員の手元に集まれば教育が改善されるということにはならない。教育の改善を行うためには，個別のデータから何を読み取るか，データを連携させることによって何を見いだすかが大切である。教育データの処理については，このような目的の設定と活用のシナリオが必要である。

　教育データの扱いは，実際には，共通的な目的と活用のシナリオに沿って，システムに教育データの処理が組み込まれている場合が多くなるだろう。教員には，システムが処理した教育データの解釈ができることと，目的を設定してデータを処理して新たな知見を得ることの両方が求められる。データサイエンスなどの知識も必要になってくるだろう。

※1　PDSは，Personal Data Storeの略である。

教育データの学習評価と指導への活用は，教員のものと考えがちであるが，それが児童生徒，教員，保護者にも共有されることにより，それぞれにおける新たな効果が生じる。また，教育データを生涯にわたって所持することによる生涯学習の視点からの活用も，これからの時代には欠かせない要素である。さらに，教育データを民間事業者のデータと併せて児童生徒の学習評価や指導へ活用したり，個人情報を除いたオープンデータとして民間に提供することにより，事業者の教材開発に役立てたり，行政の施策改善に役立てたりすることも考えられる。

教員の立場からは，遅刻・欠席や成績の変化，保健室の利用などのデータを分析することにより，データがない時には発見できなかった児童生徒の変調に気付くことができ，きめ細かな指導に生かすことができる。これらは，従来も担任等がやってきたことであるが，教育データを活用することにより，担任以外もチームとして支援することができるようになるとともに，AI 等を活用することにより，そのような傾向のある児童生徒を積極的に見つけ出すことも可能になる。データを活用することによって，担任がこれまで見落としていた児童生徒の些細な変化も見えてくることが期待される。また，教育関係の校務の効率化も可能になり，指導計画・授業準備の効率化，地域・学校を超えてのノウハウの共有などにも役立つ。（図 4-3）

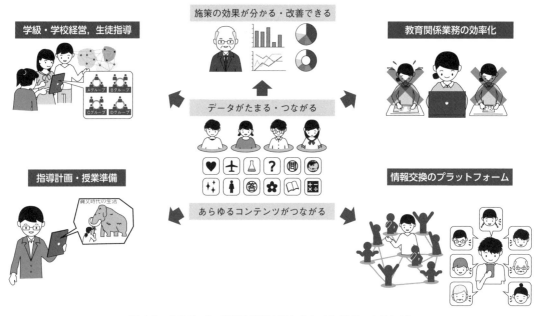

図 4-3　教育データの蓄積と流通の将来イメージ（教員の立場から）

授業においては，教育データを活用しない授業では見ることのできなかった児童生徒の学習活動や成長も，教育データを活用することにより把握することができる。また，自身の授業評価及び授業改善についても教育データの活用は効力を発揮する。

学習者の立場からも教育データの活用は有効である。Web教材などを活用することにより，教育データがWeb教材のシステムに蓄積される。これにより，児童生徒は，その能力に応じて適切なレベルや進度の教材を学習できる。前に戻ることも先に進むことも自在であり，どこまでも学習していくことができる。

　児童生徒は置かれた環境も千差万別であり，興味・関心なども個人により異なる。教育データの蓄積により，このような状況を把握できるようになれば，児童生徒の状況を分かった上で個に応じた支援を担任以外や，専門家も行うことができる。

　「総合的な学習の時間」や「総合的な探究の時間」では，専門家の意見を聞いたり，全国の同じ目標の仲間と一緒に学んだりすることが有効である。教育データとして，人材情報や，各クラスの学習内容の情報が公開されていれば，このようなことを簡単に行うことができる。

　自然環境の変化や感染症などで学校に行けない場合でも，遠隔で学習情報を提供し，評価情報を集めて指導することで，学びを継続することができる。このためには，教育データの活用だけでなく，ネットワークや1人1台端末の整備も十分でなければならない。

　児童生徒は，それぞれの学びのスタイルを持っており，同じ学習方法が全員に適しているとは限らない。テキスト，動画，写真，音などデジタル教科書を含む様々な教育コンテンツを準備することによって，児童生徒が自ら学び方を選べるようにすることも考えられる。（図4-4）

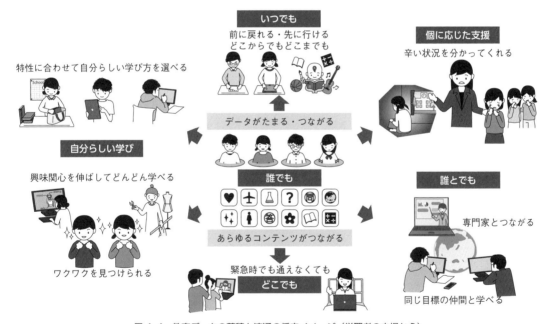

図4-4　教育データの蓄積と流通の将来イメージ（学習者の立場から）

　ここに書かれたことは，「教員が教える」授業では実現が難しく，「児童生徒が主体的に学ぶ」授業でこそ実現されるものである。教育データを用いるということは，授業スタイル自身もそれに適した形に変えていくことを要求する。これからの時代を生きていく児童生徒のために必要な資質・能力をつけることと併せて授業スタイルを変革していく必要がある。

児童生徒の教育データを AI 等が監視することにより，児童生徒の心や身体に変調があった場合には自動で警告をメール等で送るなどの対応も可能になる。また，子どもの興味・関心がより分かったり，認知・非認知能力が分かったり，身体的・心理的発達段階も分かる。（図 4-5）

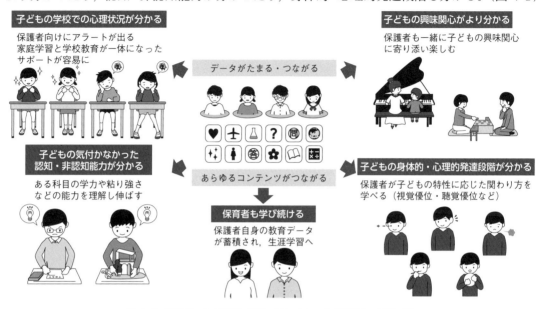

図 4-5　教育データの蓄積と流通の将来イメージ（保護者の立場から）

　教育データの活用は，行政機関や研究機関の立場から見てもメリットが多い。これからは一般の教員もこれらの機関と連携して教育の改善に取り組むことになるだろう。（図 4-6）

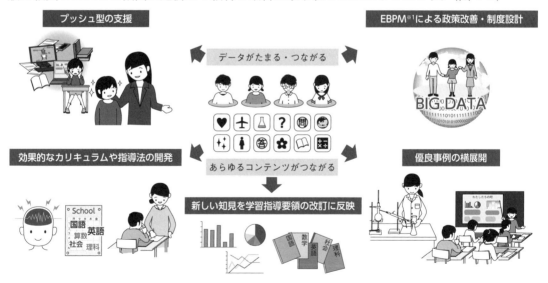

図 4-6　教育データの蓄積と流通の将来イメージ（行政機関や研究機関の立場から）

※ 1　　EBPM（Evidence-Based　Policy Making）は，証拠に基づく政策立案を表す。

2節 教育情報セキュリティの重要性

1. 教育に必要な情報セキュリティ

情報セキュリティとは，**情報資産**を様々な脅威から守り，安全・安心な状態を保つことである。教育に必要な情報セキュリティを考える場合は，①何を守るのか，②何から守るのか，③どのように守るのか，の3点について明らかにする必要がある。

①何を守るのか

学校は，児童生徒のあらゆる情報を保持しているといってよい。これらの情報資産が危険にさらされるようでは，安全・安心とは程遠いことになる。我々は，どのような情報資産が学校にあるのかを知らなければならない。学校にある情報資産は膨大であるため，全てを同じ基準で守ることは難しい。したがって，これを重要性によって分類し，分類に応じた情報セキュリティ対策を立てることになる。表4-1 に学校にある情報資産を例示する。表4-1 以外では，児童生徒が利用する端末等も管理対象である。何が情報資産に当たるかは，学校ごとに見直しが必要である。

表4-1 情報資産の例示

重要性分類	セキュリティ侵害の定義	機密性	完全性	可用性	校務系	学習系	公開系
I	教職員又は児童生徒の生命，財産，プライバシー等へ重大な影響	3	2B	2B	教職員人事 入学者選抜 など		
II	学校行事及び教育事務の実施に重大な影響	2B	2B	2B	評定一覧 健康診断票 個人情報 教職員のID/PW など	児童生徒のID/PW など	
III	学校行事及び教育事務の実施に軽微な影響	2A	2A	2A	座席表 卒業アルバム 学校行事写真 など	授業教材 学習記録 動画・写真 など	
IV	影響をほとんど及ぼさない	1	1	1			学校要覧 学校紹介 保護者承諾であれば児童生徒の写真も公開可

1<2A<2B<3 の順にコンテンツに求められる強度が高くなる。
「教育情報セキュリティポリシーに関するガイドライン」[2] 掲載の図を基に作成

②何から守るのか

　情報資産に関する脅威としては，「機密情報の漏洩」，「不正アクセス」，「データの改ざん」，「情報の減失」などが挙げられる。脅威の原因は，悪意のある者ばかりではなく，人間の過失，自然災害なども脅威になりうる。表4-2に情報セキュリティ上の脅威の原因と想定される脅威の具体例を示す。

表4-2　情報セキュリティの脅威

脅威の原因		想定される脅威（具体例）
人為による脅威	悪意のある他者	情報資産の窃取・改ざんを目的とした標的型攻撃
	悪意のある関係者（教職員，児童生徒）	不正アクセスによる成績等情報の改ざん
	関係者（教職員，児童生徒）の過失	端末，物理的な電磁的記録媒体（USB等）の紛失
自然災害等		データの消失

「情報セキュリティポリシーに関するガイドライン」ハンドブック[3]より

③どのように守るのか

　情報セキュリティ面で弱い部分（脆弱性）があると，そこから悪意のある他者や不正ソフトなどが侵入しやすい。対策としては，人的なもの，物理的なもの，技術的なものが考えられる。ウイルス対策などの技術的セキュリティは常に最新のものであることが求められるが，児童生徒の学習活動での使いやすさと，安全性の両面を共存させる必要がある。情報セキュリティの研修を定期的に行うなども人的セキュリティと言える。「児童生徒に使わせないことが最大のセキュリティ」という発想にならないようにする。表4-3に代表的な対策を示す。

表4-3　学校における情報セキュリティリスクへの対策

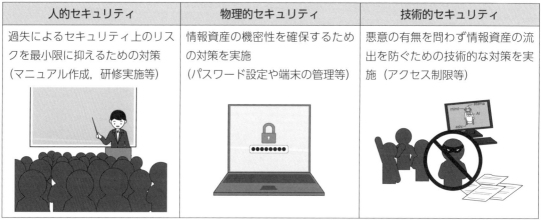

人的セキュリティ	物理的セキュリティ	技術的セキュリティ
過失によるセキュリティ上のリスクを最小限に抑えるための対策（マニュアル作成，研修実施等）	情報資産の機密性を確保するための対策を実施（パスワード設定や端末の管理等）	悪意の有無を問わず情報資産の流出を防ぐための技術的な対策を実施（アクセス制限等）

「情報セキュリティポリシーに関するガイドライン」ハンドブック[3]より

学校の情報セキュリティ対策は，守るべき情報資産を洗い出し，それを重要性によって分類することから始める必要がある。例えば，学校ごとに，前出の表4-1のようなものを作成する。次は，その分類ごとに情報の取扱いを定める。表4-4にその例を示す。

学校には，「**校務系システム**」，「**学習系システム**」，「**行政系システム**」の3つのシステムが入っていることが多い。「行政系システム」は，自治体の情報セキュリティポリシーに沿って運用されている，学校では，「校務系システム」，「学習系システム」がセキュリティ対策の対象になるので，表4-4はその2つのシステムを対象として作成している。

表4-4　情報資産の取扱例

情報資産の分類			組織外部への持ち出し制限	情報の組織外部への送信	情報資産の運搬	組織外部での情報処理	使用する電磁記録媒体	情報資産の保管	情報資産の廃棄
分類	重要性	定義							
I		セキュリティ侵害が教職員又は児童生徒の生命，財産，プライバシー等へ重大な影響を及ぼす。	本ガイドラインに準拠していることを確認した上で業務遂行上必要な場合には，情報セキュリティ管理者の判断で持ち出し可	限定されたアクセスの措置がとられていること	鍵付きケースへの格納	禁止	施錠可能な場所への保管	・耐火，耐熱，耐水，耐湿を講じた施錠可能な場所に保管（電子データの場合もこれらの対策に準じたサーバに保管） ・情報資産を格納するサーバのバックアップ ・6か月以上のログ保管 ・サーバの冗長化（推奨事項） ・オンラインで情報資産を利用する場合は通信経路の暗号化を実施 ・保管場所への必要以上の電磁記録媒体の持ち込み禁止	電子記録媒体を初期化し，復元できないようにして廃棄
II		セキュリティ侵害が，学校事務及び教育活動の実施に重大な影響を及ぼす。	同上	同上	同上	安全管理措置の規定が必要	同上	同上	同上
III		セキュリティ侵害が，学校事務及び教育活動の実施に軽微な影響を及ぼす。	情報セキュリティ管理者の包括的承認で可	同上	同上	同上	同上	・耐火，耐熱，耐水，耐湿を講じた施錠可能な場所に保管（電子データの場合もこれらの対策に準じたサーバに保管） ・情報資産を格納するサーバのバックアップ（推奨事項） ・一定期間以上のログ保管 ・サーバハードディスクの冗長化（推奨事項） ・オンラインで情報資産を利用する場合は通信経路の暗号化を実施 ・保管場所への必要以上の電磁記録媒体の持ち込み禁止	同上
IV		影響をほとんど及ぼさない。							

「情報セキュリティポリシーに関するガイドライン」ハンドブック[3]より

学校組織においては，情報セキュリティ対策の方針や行動指針を明確にした**情報セキュリティポリシー**を策定しておく必要がある。これには，表4-1のような情報資産の分類，表4-4のような情報資産の取扱が反映されていなければならない。

　情報セキュリティポリシーの内容としては，「**基本方針**」，「**対策基準**」，「**実施手順**」の3つの階層で構成されることが一般的である。これは，組織として「基本方針」を共有し，「対策基準」を設定し，「実施手順」を定めるためのものである。

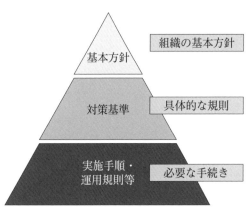

図4-7　情報セキュリティポリシーの階層

　「基本方針」は，「なぜ情報セキュリティが必要であるのか」，「どのような方針で情報セキュリティを考えるのか」，「情報資産はどのような方針で取り扱うのか」といった宣言が含まれ，外部に公開されることも多い。

　「対策基準」には，「基本方針」を実現するための指針として一般的な規定のみを記述し，「実施手順」で「対策基準」ごとに実施すべき情報セキュリティ対策の詳細を記述する。

　情報セキュリティ対策については，「いかに破られないか」という予防の視点だけでなく，「破られた時どうするか」といった対応の視点も必要である。これが盛り込まれていないと，組織としての迅速な危機対応ができない。

　情報セキュリティポリシーは，常日頃からの見直し・改善が大切である。そのために，「計画」，「導入・運用」，「評価」，「見直し」を一つのサイクルとして，これを止めることなく実施していくと良い。「評価」，「見直し」の手法として，外部組織による監査を行うことも有効である。

　情報セキュリティポリシーの「導入」に際しては，教職員の教育，啓発の実施方法を十分に考慮する必要がある。また，「運用」に際しては，教職員への「基本方針」の徹底，「対策基準」の遵守，「実施手順」の徹底が必要である。定期的な教職員研修を行うとともに，情報セキュリティ事故の発生を想定した訓練も行うようにすると学校全体の危機管理能力が高まる。

　情報セキュリティポリシーについては，有効に機能しているかという観点だけでなく，教員の校務，児童生徒の学習に妨げになっていないかという観点からも見直しが行われなければならない。

　教育現場においては，学校内外で児童生徒が日常的に1人1台端末，1人1アカウント，教育用クラウドを利活用するなど，他の行政事務とは異なる特徴がある。学校では，このような特徴を踏まえた情報セキュリティポリシーを策定する必要がある。文部科学省は，「教育情報セキュリティポリシーに関するガイドライン」[2]を作成し，適宜改訂しているので，これを参考に学校の情報セキュリティポリシーを見直していくことも必要である。

章末問題

(1) 教育データには大きく分けて3種類ある。その名称と内容を書きなさい。

(2) 教育データの活用について配慮すべきことを書きなさい。

(3) 教育データを活用することで，教員，学習者，保護者，行政機関や研究機関のそれぞれの立場で可能になることを書きなさい。

(4) 教育に情報セキュリティが必要な理由を書きなさい。

(5) 学校において守るべき情報資産にはどのようなものがあるか書きなさい。

(6) 学校の情報資産に関する脅威にはどのようなものがあるか書きなさい。

(7) 学校組織に情報セキュリティポリシーが必要な理由を書きなさい。

(8) 情報セキュリティポリシーについて書きなさい。

(9) 教育現場には，行政と異なる情報セキュリティポリシーが必要になる可能性がある理由を書きなさい。

参考文献

総務省：「国民のためのサイバーセキュリティサイト」
1) デジタル庁：「教育データ利活用ロードマップ」，2022年
2) 文部科学省：「情報セキュリティポリシーに関するガイドライン」，2022年
3) 文部科学省：「情報セキュリティポリシーに関するガイドライン」ハンドブック，2022年

第 **5** 章 　情報モラル教育

この章では，情報モラルに関連する情報倫理や道徳との関係について述べ，情報モラル教育の考え方を示す。また，体系的な情報モラル教育やデジタル・シティズンシップ教育について説明する。さらに，情報モラル教育ための必要な知識や実施のための連携の重要性について示した後，教科等の特性に応じた情報モラルの指導事例，基礎的な指導法について記述する。

1節 ｜ 情報活用能力としての情報モラル

1. 　情報モラル教育の考え方

わが国では，**情報倫理**（Information Ethics）[1] は，生命倫理や環境倫理などと同じように，応用倫理学の新しい部門の一つ，「情報倫理学」としての構築を目指して研究されてきた[2]。大学教育において，早くから情報倫理教育に取り組んできた（財）私立大学情報教育協会では，1995 年の情報倫理概論において，情報倫理を「情報化社会において，われわれが社会生活を営む上で，他人の権利との衝突を避けるべく，各個人が最低限守るべきルール」と定義している[3]。

ここで，情報倫理の対象を考えるために，医療倫理と比較してみると，医療倫理は，医療に携わる職業人（専門家）に求められる倫理と考えることができるが，情報倫理は，情報技術やメディアなどの分野に携わる職業人（専門家）だけに求められる倫理ではない。インターネットが普及した現代社会では，子どもから大人まで，全ての市民（ここでは，生活者と呼ぶ）にも求められる倫理なのである。前者の専門家に対する情報倫理は**「職業倫理」**であり，後者の生活者に対する倫理は，**「生活者倫理」**と呼ぶことができる[4]。

本来，情報倫理の扱う領域は広く，専門家だけでなく，全ての生活者も対象になる。すなわち，生活者に視点をあてて考えると，組織内のネットワークやインターネットが焦点となる。参考文献[4]では，情報倫理を，「ネットワーク社会（あるいは，情報社会）において，生活者がネットワークを利用して，互いに快適な生活を送るための規範や規律」と定義している。

一方，初等中等教育では，1987 年（昭和 62 年）の臨時教育審議会の「教育改革に関する第 3 次答申」で，「情報モラルの確立」（コラム参照）が取り上げられた。

そして，1998 年（平成 10 年）に出された「情報化の進展に対応した教育環境の実現に向けて（情報化の進展に対応した初等中等教育における情報教育の推進等に関する調査研究協力者会議 最終報告）」[5] [*1] では，**情報モラル**（Information Morals）は，情報活用能力の 3 つ

※ 1 　1997 年（平成 9 年）10 月に，調査協力者会議「第 1 次報告」が出され，次期学習指導要領に向けた提言がされている。

※ 2 　社会生活の中で情報や情報技術が果たしている役割や及ぼしている影響を理解し，情報モラルの必要性や情報に対する責任について考え，望ましい情報社会の創造に参画しようとする態度。

の観点の一つである「情報社会に参画する態度」※2の扱いと学習の範囲として，「情報技術と生活や産業，コンピュータに依存した社会の問題点，情報モラル・マナー，プライバシー，著作権，コンピュータ犯罪，コンピュータセキュリティ，マスメディアの社会への影響などが考えられる」と記述されている。

また，この報告書 5) で提言された内容は，教育課程審議会で審議され答申となり，その後，学習指導要領が告示され，1998 年（平成 10 年）の小学校及び中学校学習指導要領改訂，1999 年（平成 11 年）の高等学校の指導要領改訂につながっていく（2 章 1 節参照）。そして，2002 年（平成 14 年）から小学校及び中学校，2003 年（平成 15 年）から高等学校の各教科等において，情報モラル教育は，本格的に実施されていくことになる。

◉ COLUMN　情報モラルの確立

　臨時教育審議会の「教育改革に関する第 3 次答申（1987（昭和 62）年 4 月）」で，「情報モラルの確立」が述べられ，「教育改革に関する第 4 次答申（最終答申）（1987（昭和 62）年 8 月）」では，「情報化社会においては，自己の発信する情報が他の人々や社会に及ぼす影響を十分に認識し，将来を見込んだ新しい倫理・道徳の確立，新しい常識の確立，情報価値の認識の向上など情報の在り方についての基本認識「情報モラル」を確立する必要がある」と，「情報モラル」の確立の必要性が述べられている。以来，情報モラルの必要性は，各種の答申や報告で取り上げられている。
※高等学校学習指導要領解説　情報編（1999 年（平成 11 年）改訂)6) より

2.　体系的な情報モラル教育

　情報モラルは，「情報社会で適正な活動を行うための基になる考え方と態度」と定義されている。具体的には，他者への影響を考え，人権，知的財産権など自他の権利を尊重し，情報社会での行動に責任を持つことや，犯罪被害を含む危険の回避など情報を正しく安全に利用できること，コンピュータなどの情報機器の使用による健康との関わりを理解することと述べられている。

　2003 年からの高等学校の普通教科「情報」の学習において，上記の定義に基づく情報モラルの育成は，何々をしてはいけないという対処的なルールを身に付けるだけでなく，それらのルールの意味を理解し，新たな場面でも正しい行動がとれるような考え方と態度を育てることであるとされている6)。

　2008 年（平成 20 年）の中央教育審議会の答申7) では，情報モラルの内容としては，ネットワーク上のルールやマナー，危険回避，個人情報・プライバシー，人権侵害，著作権等に対する対応や，コンピュータなどの情報機器の使用による健康とのかかわりなども挙げられている。

　社会の情報化が急速に進み，スマートフォンなどの情報機器が広く個人にも普及し，誰もが情報の受け手だけでなく，送り手となっている。情報機器の普及が日常生活にも大きな変化を与え，大量の情報の中から必要な情報を取捨選択したり，情報の表現やコミュニケーションの

手段としてコンピュータや情報通信ネットワークなどを効果的に活用したりする能力が求められている。それと同時に，ネットワーク上の有害情報や悪意のある情報など，情報化の影の部分への対応も求められている。

このような状況の中で，学校においては，児童生徒が情報社会での行動に責任を持ちつつ，犯罪など被害を回避し，情報を正しく安全に利用できるようにするために，「情報社会の特性を理解し，遭遇するかもしれない危険を回避する知識を身に付け，自分自身で的確に判断する力を育成する」という**情報モラル教育**が，極めて重要になっている。情報モラル教育は，発達段階に応じて体系的に推進する必要があり，教科等横断的な視点に立って学校を挙げて取り組む必要がある。

「教育の情報化に関する手引」（平成22年版）[8] では，体系的な情報モラル教育を実施するために作成された**情報モラル指導モデルカリキュラム**を紹介している。モデルカリキュラム（小・中・高の一貫カリキュラム）は，下記の5つに分類され，小学校の低学年・中学年・高学年，中学校，高等学校の5つの発達段階に応じた指導目標を示している。

・情報社会の倫理は，情報に関する自他の権利を尊重して責任ある行動を取る態度を養う。
・法の理解と遵守は，情報社会におけるルールやマナー，法律があることを理解し，それらを守ろうとする態度を養う。
・安全への知恵は，情報社会の危険から身を守り，危険を予測し，被害を予防する知識や態度を養う。
・情報セキュリティは，生活の中で必要となる情報セキュリティの基本的な考え方を理解し，情報セキュリティを確保するための対策・対応について学ぶ。
・公共的なネットワーク社会の構築は，情報社会の一員として公共的な意識を持ち，適切な判断や行動を取る態度を養う。

また，具体的な情報モラルの指導では，「日常モラルを育てる」「情報技術の仕組みを理解させる」「日常モラルと仕組みを組み合わせて考えさせる」ことが必要であり，情報社会が進展しても普遍の構造だと考えられている。

特に，道徳の教科化（コラム参照）に伴い，情報モラルの指導を充実することにより，**道徳教育**で取り上げる内容も増え，日常のモラル指導がベースとなる道徳教育の側面が強くなったといえる。

◉ COLUMN　道徳教育と情報モラル

道徳教育に情報モラルが導入されたのは，2008年（平成20年）3月告示の小学校及び中学校の学習指導要領であり（実施は，小学校2011年（平成23年），中学校2012年（平成24年）），「情報モラルに関する指導に留意すること」と記載されている。また，2015年（平成27年）3月に，学習指導要領が一部改正[9] となり，「特別の教科　道徳」となり，「情報モラルと現代的な課題に関する指導」の中で，「情報モラルに関する指導を充実すること」と変更されている。

近年，人工知能や IoT など革新的な情報技術が誕生し，新しい情報社会（Society5.0）の到来により，雇用環境などの変化も予測される。このような状況を見据えて，2016 年（平成28 年）に中央教育審議会の答申[10]が行われ，小学校及び中学校は 2017 年（平成 29 年），高等学校は 2018 年（平成 30 年）に，新しい学習指導要領が告示された（2 章 1 節参照）。

　この学習指導要領では，学校教育で育成する資質・能力を，三つの柱（「知識及び技能」の習得，「思考力，判断力，表現力等」の育成，「学びに向かう力，人間性等」の涵養）にまとめられた。また，全ての教育課程において，「主体的・対話的で深い学び」の実現，カリキュラム・マネジメントの推進も基本的な方針とされている。

　さらに，「教育の情報化に関する手引」（令和元年版）[11]では，情報モラルを含む情報活用能力の体系的な育成について，IE-School での取り組みとして整理して紹介している。2 章 2節表 2-1 に示すように，情報活用能力を三つの柱に沿って分類している[12]。表 2-1 に示した情報活用能力の具体例で，「知識及び技能」「思考力，判断力，表現力等」「学びに向かう力，人間性等」の区分は以下のとおりである。

「A．知識及び技能」は，次の 3 区分，
　　　・情報と情報技術を適切に活用するための知識と技能
　　　・問題解決・探究における情報活用の方法の理解
　　　・情報モラル・情報セキュリティなどについての理解
上記の 3 項目で，さらに 7 区分の細目で整理されている。

「B．思考力，判断力，表現力等」は，1 区分，
　　　・問題解決・探究における情報を活用する力（プログラミング的思考・情報モラル・情報セキュリティを含む）
上記の 1 項目で，さらに 4 区分の細目で整理されている。

「C．学びに向かう力，人間性等」は，次の 2 区分，
　　　・問題解決・探究における情報活用の態度
　　　・情報モラル・情報セキュリティなどについての態度
上記の 2 項目で，さらに 4 区分の細目で整理されている。

　上記に示したように，情報モラルに関連する項目は，情報活用能力の三つの柱である「知識及び技能」「思考力，判断力，表現力等」「学びに向かう力，人間性等」の中に，**情報モラル・情報セキュリティ**として含まれている。次に，参考文献[12]に示されている「A．知識及び技能」の 3．の「情報モラル・情報セキュリティなどについての理解」に関して，小学校の具体例の一部を表 5-1 に示す。

　なお，情報モラル・情報セキュリティの想定される学習内容は，「SNS，ブログ等，相互通信を伴う情報手段に関する知識及び技能を身に付けるもの（育成する場面）や情報を多角的・多面的に捉えたり，複数の情報を基に自分の考えを深めたりするもの等」とされている。

表5-1 情報モラル・情報セキュリティなどについての理解（小学校の一部）

分類		ステップ1	ステップ2	ステップ3
		小学校低学年	小学校中学年	小学校高学年
①情報技術の役割・影響の理解	a		情報社会での情報技術の活用	情報社会での情報技術の働き
	b			情報化に伴う産業や国民生活の変化
②モラル・情報セキュリティの理解	a	人の作った物を大切にすることや他者に伝えてはいけない情報があること	自分の情報や他人の情報の大切さ	情報に関する自分や他者の権利
	b			通信ネットワーク上のルールやマナー
	c		生活の中で必要となる基本的な情報セキュリティ	情報を守るための方法
	d	コンピュータなどを利用するときの基本的なルール		情報技術の悪用に関する危険性
	e		情報の発信や情報をやり取りする場合の責任	発信した情報や情報社会での行動が及ぼす影響
	f			情報メディアの利用による健康への影響

3. デジタル・シティズンシップ教育

　2020年4月から始まったGIGAスクール構想により，1人1台の端末を持つことにより，また，さらなる情報技術の発達や情報社会の変化に伴い，**デジタル・シティズンシップ**（Digital Citizenship）[13]（コラム参照）の育成が重要となってくる。

　情報モラルは，「〜しない」「〜してはいけない」，すなわち「悪い行為をしない」という行為の結果を求める指導が主であったが，道徳の教科化に伴い，道徳的な側面である日常のモラル指導（「よい行為をする」という行為の動機を求める指導）がベースとなってきた[14]。

　情報モラルは，「〜しない」「〜してはいけない」などのネガティブな思考，さらに，「日常のモラル」がベースになっているのに対して，デジタル・シティズンシップは，「〜していこう」

●COLUMN　デジタル・シティズンシップの定義

　国際教育テクノロジー学会の定義では，「情報技術の利用に関する適切で責任ある行為規範」である。欧州評議会の定義では，「効果的なコミュニケーションと創造のスキルを用いて，デジタル環境に積極的，批判的，能力を持って関わり，テクノロジーの責任ある使用によって，人間の権利と尊厳を尊重した社会参加を実践する能力」である。

「～していくべきである」などのポジティブな思考，さらに，シティズンシップ（市民権，公民権）がベースとなっていることが異なっている。

　欧米では，**シティズンシップ教育**が浸透しているが，日本では，シティズンシップ教育は，十分浸透してないので，情報モラル教育は，個人の日常モラルをベースとしたものから，市民の権利をベースとしたものに，徐々に移行していく必要があるといえる。また，デジタル・シティズンシップには，「ポジティブな思考で考えさせる」以外に，「主体的に取り組むことができるようにする」「情報を正しく読み解くための思考力を持たせる」なども含まれている。デジタル・シティズンシップ教育では，一般社会の中で，定義にあるように「社会参加を実践する能力」を育成していくことが重要である。

　なお，2018 年（平成 30 年）に告示された高等学校学習指導要領では，公民科に新しい科目「公共」が設置され，内容の取扱いに，「情報に関する責任や，利便性及び安全性を多面的・多角的に考察していくことを通して，情報モラルを含む情報の妥当性や信頼性を踏まえた公正な判断力を身に付けることができるよう指導すること」という記述がある。

　また，公民科科目についても，情報や情報モラルに関する関連の記述がある（コラム参照）。今後，「公共」をはじめとして公民科科目において，シティズンシップ教育の実践が期待される。

◉ COLUMN 公民科科目の「指導計画の作成と指導上の配慮事項」

　情報の収集，処理や発表などに当たっては，学校図書館や地域の公共施設などを活用するとともに，コンピュータや情報通信ネットワークなどの情報手段を積極的に活用し，指導に生かすことで，生徒が主体的に学習に取り組めるようにすること。その際，課題の追究や解決の見通しを持って生徒が主体的に情報手段を活用できるようにするとともに，情報モラルの指導にも配慮すること。

2節 情報モラル教育のための必要な知識と連携

1. 情報モラル教育のための必要な知識

　情報モラルの指導をするに当たって，教員は，インターネットで起こっていることに関して，いくつかの知識を持っておく必要がある。例えば，児童生徒は，スマートフォンやタブレットを使って，どのようにインターネットを利用しているかなど，実態を把握することが必要である。さらに，新聞やニュース，Web から最新の情報を入手して，インターネット上の問題点など，現状を把握しておくことも重要である。

　また，他人の個人情報を勝手に公開する，著作権処理をせずに音楽や画像ファイルを掲載する，誹謗中傷で相手の名誉を傷つけるなどの行為は，法に触れる可能性があるということを指導する必要がある。そのため，教員は，情報モラルに関連する法令（図 5-1）の知識を持って，どのようなトラブルと法令が対応しているのかを把握しておく必要がある。

・刑法（脅迫，名誉毀損等）：法務省	・プロバイダ責任制限法：総務省
・出会い系サイト規制法：警察庁	・児童買春・児童ポルノ禁止法：警察庁
・不正アクセス禁止法：経済産業省	・迷惑メール防止法：総務省
・著作権法：文化庁	・特許法：特許庁
・電子契約法：経済産業省	・特定商取引法：消費者庁
・リベンジポルノ防止法：警察庁	・青少年インターネット環境整備法
・個人情報保護に係る法令，青少年健全育成条例等	

「教育の情報化に関する手引」（令和元年版）[11] より　（正式名称は省略）

図 5-1　情報モラルに関連する法令

　情報モラル教育は，問題発生の予防的な側面もあるが，さらに，問題が起きた場合の対処法の側面も重要である。例えば，プライバシー侵害や名誉毀損等については，内容や URL を確認・保存しておく，SNS などの管理者やプロバイダへの削除などの依頼方法を把握しておく，さらに，場合により，法務局の協力や警察署の援助を求めることも必要である。また，SNS を利用したいじめなどは発見しにくいため，保護者にも理解を求め連携していく必要もある。

　従来，情報モラルについては，スマートフォンや SNS 等の登場により，児童生徒の知識や理解度などに差があること，また，著作権等の多岐にわたる内容に対する指導の難しさなどもあることから，学習指導は難しいと考えられてきた。また，学習指導に関しては，知識やトラブルに対する方法を教えることになりがちであるが，児童生徒自らが主体的に考える学習活動が大切であり，身近な事例を扱った教材を利用するなど指導方法の工夫も必要である。情報モラルの指導については，次のようなことが大切であると考えられてきた[15]。
・学習内容と指導方法を明確にする
　情報モラルの学習内容や指導方法について検討し，学校としての指導方針も明確にしておく。
・学校全体として取り組む
　情報の担当者や担任による指導だけではなく，学校全体としての取り組みが必要である。
・トラブルに巻き込まれない環境づくり
　学校だけでなく家庭でも，有害情報やネット依存などについて，インターネット環境やその利用について考える。
・学校・保護者・地域が連携をとる
　SNS などでは，学校外のところで起こる問題も多く，学校と保護者，さらには，地域が連携して，情報モラルについて考える機会を増やす必要がある。

　今後，情報モラル指導に当たっては，「知識及び技能」「思考力，判断力，表現力等」「学びに向かう力，人間性等」の三つの柱に沿った情報活用能力の育成を意識して行う必要がある。また，情報技術の発展とともに変化していく情報社会においては，デジタル・シティズンシップの「人間の権利と尊厳を尊重した社会参加を実践する能力」の育成を意識した指導も重要である。

情報モラルに関する教育は，学校，保護者，地域，教育委員会との連携は重要であり[11]，ここでは，連携の具体例を含めて詳しく述べる。

○教育委員会や学校の役割

教育委員会は，学校における情報モラル教育の充実に向け，行政機関等が行っている講演などの支援事業を学校へ周知するとともに，ネットトラブル等が発生した場合の対応について，日頃より関係機関との連携を図っておく必要がある。

学校においては，教科等横断的な横の連携と，発達段階に応じた学年を超えた縦の連携が必要なため，全職員の共通理解の元で進めていく必要がある。そのため，各学年から1～2名の委員を選出し，児童生徒からの情報を共有することができる体制を作るとともに，PTAや地区の連携協議会に働きかけることのできる体制を作ることが重要である。

【事例1】 講演会「あなたのスマホは大丈夫？」

対　象	全校生・保護者
概　要	スマホやタブレット等を授業などに効果的に活用するための心構えや，契約時の注意点など，毎年の学校行事として講演会を企画する。講師は教育委員会を通じて○○県警から講師を派遣，情報化の社会や技術の進展に応じた具体事例に基づく講演会を開催する。

○学校と家庭における理解の共有

児童生徒が，スマートフォン等を通じてインターネット上のトラブルに巻き込まれたり関わったりする事例の多くは，保護者が契約した通信サービスを児童生徒に利用させた際に，児童生徒がどのように利用するかを十分検討しなかったことに起因する。守るべきルール，マナー，危険から身を守るための注意事項などを教える必要があることを保護者に理解してもらうことを最初のねらいとし，使い方によってはトラブルの加害者にも被害者にもなりうる手段を児童生徒に持たせているという危機感を持ってもらうことが重要である。

そのためには，インターネット利用によって児童生徒が巻き込まれたり関わったりしたトラブルや事件の実例を新聞やニュースなどから示し，可能な範囲で自校や近隣の学校で起きた事件を取り上げるなどして，保護者に切実感を持ってもらうことも効果的である。

また，低年齢の児童ほど危険に対処する力が低く，被害に遭う可能性が高いため，児童を守るためのフィルタリングによる機能制限や「家庭のルール」を児童と約束することの重要性について，家庭に対し理解を促す必要がある。そして，学校で行っている情報モラルの指導の内容を説明するとともに，学校での指導には限界があり家庭での指導が不可欠であることや，指導や啓発における学校と保護者との役割分担について説明することが必要である。

情報モラル教育は，情報機器を使い始める前後の指導が非常に重要になるが，児童生徒の家庭によって，情報機器を持たせる時期は異なるため，全ての児童生徒に適切な時期に実施する

のは困難だと思われる。しかし、できるだけ児童生徒の状況に即した情報モラル教育を実施するために、地域や家庭に対して、情報モラル教育の重要性の認識を広めるとともに、家庭訪問や学校通信などを通じて家庭との緊密な連携を図ることが重要である。

【事例2】 合格者説明会「学校と家庭における情報モラル＆セキュリティ」

対　象	合格者・保護者
概　要	スマホやタブレット等を授業などに効果的に活用するための心構えや、契約時の注意点など、入学に際して保護者同伴でガイダンスを実施する。合格者に対する説明会では、ほぼ全員出席し、入学前の緊張感もある。

○学校・家庭・地域による最新情報の共有

　情報モラル教育を効果的なものとするためには、児童生徒のインターネットの使い方の変化に伴い、その実態や影響に係る最新の情報の入手に努めることが重要である。児童生徒が安全に使用できる環境を確保するためには、スマートフォンやタブレット、パソコン、ゲーム機などのインターネット端末を利用させるに当たり、フィルタリングサービスや迷惑メール対策を施すための知識を持つことが必要不可欠である。

　まず、大人たちが児童生徒の使用状況を把握し、トラブルが起きた際の解決方法や対応策を学ぶことが大切である。具体的には、学校・家庭・地域が連携して、学校主催のオープンスクールや、PTA主催の総会や各委員会での勉強会、地域の家庭教育講座や教育委員会主催の研修会などの場を活用して、定期的に、情報モラルの専門家から最新情報を得るための講演会やスマートフォン等に関する講演を実施することや、NPOや携帯電話事業者、警察などの出前講座を利用することも有益である。また、学校と保護者が連携して、児童生徒が巻き込まれやすいインターネット上のトラブルの対処方法をまとめた冊子を作成し、各家庭や地域に配布することで意識を高めることもできる。

【事例3】 公開講座「スマホの活用と情報モラル＆セキュリティ」

対　象	地域・保護者・生徒
概　要	携帯電話事業者の講師無料派遣制度を利用し、学校主催で公開講座を開催し、地域・保護者の参加を広く募る。生徒・地域住民の連携の場となる。

【事例4】 生徒会活動「シニアのためのスマホお悩み相談室」

対　象	地域住民・保護者
概　要	生徒会が運営する文化祭において、スマホのお悩み相談室を設ける。地域の参加者へ、生徒がスマホの活用法を教えることを通じて、地域住民との連携を図る。また地域の携帯電話事業者にもサポートを依頼して連携する中で、生徒や保護者も一緒に学ぶ機会とする。

3節 各教科での情報モラル教育

各事例については，学習目標，学習活動，準備物で整理し，特に，重要である学習活動については，具体的に記述している。なお，それぞれの事例に動画教材[16] を利用するとより学習内容の理解が深まる効果が期待できる。

1. 小学校における指導事例と指導法

児童生徒を取り巻く ICT 機器を使用する状況として，スマートフォンやタブレット端末やゲーム機など多様な機器を用いてインターネット利用の低年齢化が進んでいる。また，「GIGAスクール構想」による１人１台端末の整備により，パスワード設定・管理など情報セキュリティに関する指導が一層重要となっている[17]。

【事例１】 第１・２学年「学級活動」

内　　　容	スマートフォンやタブレット端末はどのように使うといいかな？
学習目標	スマートフォンやタブレット端末を安心して利用するために，どうすればいいでしょう？
学習活動	①スマートフォンやタブレット端末を使ったことがあるかないか等のアンケート調査。（日常で家族や大人が使っている様子をどのように見ているかを引き出す調査） ②どんな使い方を知っていますか？（アンケート結果のプライバシーに配慮しながら，すでに利用している人の事例の紹介）→ゲーム，家族との連絡，映画を見る，ショッピングなど。 ③便利な使い方，良くない使い方をまとめる。（想定される使い方をあらかじめ付箋に書いて用意しておく。カテゴリーごとにグルーピングする。電子ホワイトボードの利用） ④良くない使い方は，どうすれば良くなるかを考えさせる。（利用する時間を決める，おうちでルールを決める，保護者と一緒に使うなど）
準　備　物	動画または事例の準備，アンケート結果を提示する画面，Jamboard 等による意見の分類とまとめ。

【事例２】 第３学年「特別活動」

内　　　容	ネットゲームに夢中になるとこわい
学習目標	健康を害するような行動を自制してネットと楽しく付き合いましょう。
学習活動	①動画「ネットゲームに夢中になると」の視聴，または動画の事例を説明する。 　（１時間の約束が夢中になって何時間もゲームをするようになり，朝寝坊して授業中もゲームのことばかり考えている） ②原因や問題を見つける。（なぜ１時間の約束が守れなかったのでしょう） ③どの時点で，やめることができたでしょう。 ④やめられなくなる仕組みを考えてみよう。 ⑤どうすればゲームに夢中にならなくてすむでしょう。 ⑥家庭の中でどのようなルールを作ればいいでしょう。
準　備　物	動画，または事例の準備，①から⑥の流れのワークシートまたは意見を書き込めるような掲示板やアンケートを用意する（Jamboard，Google フォーム等），意見やアンケート結果をその場で提示・共有できるようにする。　ネット依存チェックリスト（久里浜医療センター）

【事例3】 第3学年「特別活動」

内　　容	タブレット端末を使うために，パスワードについて考えよう
学習目標	タブレット端末を安心して利用するために，まず最初にしなければならないのはなんでしょう。 （なりすましや情報流出を防ぐことを理解しましょう）
学習活動	①なぜスマートフォンやタブレット端末にパスワードが必要でしょうか。 ②パスワードを設定しなかったら，どのような被害に遭うと思いますか？ 　（中を見られたり使われたりすると，なりすましの被害や個人情報の流出につながるなど，想定される被害について考える） ③パスワードを設定し，管理するために気をつけることは？
準 備 物	動画または事例の準備，意見を書き込むためのワークシートや掲示板（画面提示で共有できる）

【事例4】 第5学年「道徳」「特別活動」

内　　容	SNSへの書き込み，大丈夫？～気をつけることを考えよう～
学習目標	他人や社会への影響を考えて行動しよう。お互いの権利を知り尊重しよう。 何がいけないのかルールやマナー違反を知ろう。 危険を予測し回避しよう。
学習活動	①インターネット（SNS）利用で友達とのトラブルの経験があるかなどのアンケートを実施する。 ②アンケート結果から具体事例について考える。（個人情報には留意する） ③何が原因でトラブルになったでしょう。（誤解を招く言葉遣い，返信が遅かった，家庭のルール（利用時間や場所）を破った等） ④書き込む前に見直したり，相手の状況や立場を考えたりしてみよう。 ⑤トラブルにならないための対策を考えてみよう。
準 備 物	動画，身近な事例を収集するアンケートと結果を共有できる画面提示装置，提示用の資料等

【事例5】 第5学年「社会」

内　　容	SNS，放送，新聞，Web，情報発信と受信，何が違う？ -身近な事例を観察して比較してみよう-
学習目標	情報の適切・不適切の判断ができるようになろう。 情報の送り手として，受け手としての立場から考えてみよう。 情報を有効活用するためには，何が必要でしょうか。
学習活動	①教員が事例を用意して問題提起をする。 ②情報を送る側の立場として比較をしてみよう。 ③情報を受け取る側の立場として比較をしてみよう。 ④情報を発信したり，受け取ったりするときに大切なことは何かをまとめて，発表してみよう。
準 備 物	4つのメディアの情報発信の事例（比較できるように提示する）。意見を書き込めるような掲示板等を用意し（Jamboard，Googleフォーム等），書き込んだ意見をその場で提示・共有できるようにする。

中学校では，生徒の発達の段階を考慮し，各教科指導や学校行事を通じて，情報活用能力や課題発見・解決能力等の育成を図るとともに情報モラル等に配慮できる資質・能力の育成が求められる。

【事例1】 第1学年「特別活動（学級活動）」望ましい人間関係の確立

内　容	写真や動画が流出するトラブルや犯罪に巻き込まれないために
学習目標	事態を深刻にするインターネットの特性について理解する。 被害者にも加害者にもならないようにしていこうとする。
学習活動	動画等の事例を準備して視聴または提示する。 事例「友人の写真を無断で SNS にアップしてしまう行為」 ①他人の写真を無断でインターネットにアップする行為は許される行為ではないことの共通理解を図る。 ②その場の感情で発信した情報は，あとで取り消しても完全に消すことができないこと（インターネットの特性）を説明する。 ③友人限定の SNS であっても同様であることも合わせて理解する。 ④被害者にならないためにはどうすれば良いでしょう。（いつまで友人でいられるのか？仲良しでも簡単に他人に写真を撮らせない，アップさせないなど） ⑤加害者にならないためにはどうすれば良いでしょう。（情報発信する際には，再確認して本当に良いかどうか考えてから発信するなど）
準備物	意見を書き込めるような掲示板等を用意し（Jamboard，Google フォーム等），書き込んだ意見をその場で提示・共有できるようにする。

【事例2】 第2学年「技術・家庭（家庭分野）　D　身近な消費生活と環境」

内　容	ネット詐欺に巻き込まれないために
学習目標	インターネットを安全に利用できるようにするために必要な判断力を育てる。 契約の基本的な考え方を知り，それに伴う責任を理解する。
学習活動	(事例) ゲームや漫画，イベントのチケット等の売買を目的とした Web サイトがある。これらを悪用した詐欺や不正行為等の被害に遭ってしまう。 ①インターネットショッピングの経験，トラブルに遭ったか，アンケート結果を共有する。 ②どこに問題があったでしょうか。（サイトの信頼性を確かめなかった，個人情報を入力した等） ③どの時点で被害を回避できたでしょうか。（怪しいメールを開かない等） ④契約に関する知識やトラブルに巻き込まれないための知識を整理する。 ⑤情報技術（https，URL）の確認やセキュリティソフトの利用。 ⑥トラブルや被害に遭った場合にどのように対応するか，グループでディスカッションし，まとめ，発表する。（保護者に相談する。警察に届ける。消費生活センターに相談する。人権関係の相談窓口に相談する。被害の拡大防止など）
準備物	事例動画等 [18]，アンケート。意見を書き込めるような掲示板等を用意し（Jamboard，Google フォーム等），書き込んだ意見をその場で提示・共有できるようにする。

【事例3】 第2学年「特別活動（学級活動）」望ましい人間関係の確立

内　　容	ネットへの投稿のトラブルについて考えよう
学習目標	SNS等への投稿に伴って発生する可能性のある問題と，投稿者としての責任について理解する。情報社会における自分の責任や義務を考えながら行動できるようになる。
学習活動	①アンケート事前調査（ネットのやり取りで困ったこと等）結果の提示。 ②ネットへの情報発信をするときに何に注意すれば良いか。 ③事例をみて，投稿するときに，どのようなことを確認すべきだったか，グループで話し合い，グループの意見を共有してクラスでまとめる。 【確認すべきだったこと】将来見られても大丈夫か。ルールを破っていないか。広まってもいい内容か。権利を侵害していないか，など。 ④インターネットの特性を踏まえ，情報発信の際に注意すべきことをワークシートに書き，クラス内で共有する。 【情報発信をするときに注意したいこと】肖像権を侵害していないか。コピーされても誰も困らないか。誰に見られても問題ないか。将来見られても問題ないか。
準 備 物	事例動画または事例資料（アンケート結果等），グループ討議の意見を書き込む電子ボード（Jamboard, Google フォーム等），ワークシート

【事例4】 第3学年「技術・家庭（技術分野）　D　情報に関する技術」

内　　容	大切な情報を守るために必要なことは？
学習目標	情報セキュリティの基礎的な知識を身に付ける。 基礎的なセキュリティ対策が立てられる。
学習活動	家庭でのインターネットの利用状況や，セキュリティ対策の状況等について事前にアンケート調査を行い，セキュリティ対策には差があることを認識させ，課題意識を持たせる。 ①アンケート結果による事例紹介。（パソコンのセキュリティ対策をしている人，スマートフォンの画面ロックをしている人） 〈グループで討議〉 ②セキュリティ対策に問題がある場合の被害例（迷惑メールが多い。パソコンの動きが遅い。ファイルが消えた。迷惑電話がかかってきた等）を提示する（または動画視聴）。 ③問題行動の整理：（スマートフォンの画面のロックをしていない。契約切れのウイルス対策ソフトを放置した。自動アップデートを無効にしようとした） ④対策の整理：どのような対策を取るべきか。（ウイルス対策ソフトを利用する。OS 等のソフトウェアを最新の状態にする。日頃から自己防衛をする。スマートフォンにもセキュリティ対策をする） ⑤グループでまとめ，発表する。 ⑥「大切な情報を守るためには」をまとめる。（画面ロックが守るのは友達との信頼関係。情報と信頼を守るウイルス対策。怪しいものに注意して明るい将来　など）
準 備 物	グループごとに意見を書き込めるような掲示板等を用意し（Jamboard, Google フォーム等），書き込んだ意見をその場で提示・共有できるようにする。

高等学校では，多くの教科・科目等における問題の発見や解決のための学習活動において，情報収集・分析・表現・発信する活動の中で，収集した情報の著作権などの知的財産，調査活動での撮影の許可や個人情報に配慮して活用できる力が求められる。

【事例1】 「全教科・活動」発表資料の作成における留意点

内 容	調査研究活動の発表資料を作成するときに注意することは？
学習目標	著作権などの知的財産や，個人の権利（人格権，肖像権など）を理解し尊重する。 情報の信頼性や信憑性を吟味して適切に対応できる。
学習活動	情報の収集, 処理や発表などに当たっては, 学校図書館や地域の公共施設などの利用やインターネットなどの情報手段を積極的に活用し, 指導に活かす。課題の追究や解決の見通しを持って生徒が主体的に情報手段を活用できるようにすること。 〈著作物の2次利用〉 ①著作権の2次利用，引用・参考文献・出典の明記の必要性を理解する。 ②引用・参考文献・出典の明記の方法について。 ③URLの記載は，まとめサイトのものではなく出所のものを明記する。 ④著作物の2次利用に関する各サイトの情報を確認する。 ⑤画像等を転載する場合は，「出典」を明記する。 〈調査活動の配慮事項〉 ①事前の許可や予約が必要な場合がある。 ②写真や動画の撮影や音声録音等には，許可が必要になる場合がある。 ③撮影の際には個人情報やプライバシーや知的財産等に配慮する。
準 備 物	視聴用動画，学びのワークシート等

【事例2】 「公共」地域連携（STEAM教育）

内 容	防災に使えるSNSを考えよう−避難所におけるSNS支援−
学習目標	災害時で活躍するSNSを提案する
学習活動	災害時におけるSNS活用のメリットは，情報発信と情報収集の迅速さ，量の多さ，つながりやすさやSNSでリアルタイムに収集，発信することができることである。電話回線がつながりにくい状況でも，Facebook，LINE，Skypeなどで通話ができることもある。一方学校は地域の避難所に指定されていることが多いことから，避難活動を支援できるSNSの役割や活用法について考える[19]。 ①過去の災害時におけるSNSの活用状況を調べて，良いところと改善すべきところを整理する。（情報の信憑性の問題など） ②災害時にどのようなSNSが必要か地域アンケート調査 ③災害時に活用できるSNSの機能や使用法，避難所における効果的な使用法（例えば，避難所の入り口にリアルタイムに地域災害情報を掲示する。SNSにアクセスして知りたい情報を検索できる場所を設置するなど）をグループで話し合い，共有する。 ④本学習を通じてSNSの活用法を考え，よりよい使い方をまとめて日常に活かす。
準 備 物	事前アンケート調査や意見を書き込めるような掲示板等を用意し（Jamboard，Googleフォーム等），書き込んだ意見をその場で提示・共有できるようにする。

【事例3】「国語　A　話すこと・聞くこと」コミュニケーション能力の育成と人間関係の確立

内　　容	コミュニケーションの取り方を見直そう
学習目標	コミュニケーションをとるときに，送り手と受け手の間に生じてしまう「ギャップ」について理解する。 自分や相手の置かれている状況や，相手の気持ちを考えて，適切な手段を選択し，思いやりの心を持ってコミュニケーションができるようになる。
学習活動	生徒が普段からどのようなものを利用しているか，年齢の離れた人，異なる立場の人とインターネットを使ったやり取りをしたことがあるかなどについて，事前にアンケートを実施する。また，コミュニケーションという視点で，話題となるような事例を集めさせる。例えば，新聞の投書欄，ニュース等を基に世代間のコミュニケーションギャップを扱った記事や，学校生活におけるコミュニケーションの不足により意思の疎通にすれ違いが生じた事例等を朝の会や帰りの会等で紹介させる。 ①事前アンケートの結果より年齢の異なる人とのコミュニケーションの取り方について気付いたことをグループで話し合う。 ②コミュニケーションという視点で，話題となるような事例を班ごとにまとめてクラス内で共有する。 【課題】様々な立場の人とのコミュニケーションでは，どのようなことを意識する必要があるか考えよう。 ③事例の食い違い点・原因や生じた理由をワークシートにまとめる。 ④食い違い点を指摘し，生じた原因や理由を話し合いクラスで共有する。 ⑤コミュニケーションの手段や内容は，相手や世代，内容によって異なることに気付かせる。 ⑥コミュニケーションの手段とその手段を使って関わる立場の人を選択し，ワークシートに書き，グループで意見交換し，発表する。 ⑦具体的にギャップの事例を挙げながら，コミュニケーションをとるときに配慮することについて確認させる。 ⑧コミュニケーションをとるときに自分が大切にしたいことを考え，発表する。
準 備 物	事前アンケート，グループで意見を書き込めるような掲示板またはワークシート等を用意する（Jamboard，Google フォーム等）。書き込んだ意見をその場で提示・共有できるようにする。

【事例4】 「総合的な探究の時間」「学級活動」「情報 I 」情報化社会における問題解決

内　　容	ネット利用に関する身近な事例を取り上げ，情報通信ネットワークや情報機器を活用して，解決策を提案・共有することで「生きる力」を身に付ける。
学習目標	・テーマの設定と身近な問題の発見や問題解決策の提案を行うことで，ネット社会における倫理観を養う。 ・情報通信ネットワークや情報機器を効果的に活用できること。 ・情報の出所，引用，情報の信憑性について配慮ができること。 ・情報共有や発信など，適切なコミュニケーションができること。 ・情報モラルや倫理に関する基礎知識や法が定着すること。
学習活動	問題の発見や解決策の提案を行う場合のプレゼンテーション資料作成から発表や情報共有の一般的な活動例を次に示す。 ①テーマ・話題の設定（1人1テーマの設定） ②調べ学習における情報の信憑性・著作権への配慮 ③起承転結のストーリーを組み立て，スライド絵コンテの制作 ④発表のリハーサル（2人1組）と相互評価・再構築 ⑤グループ内発表と相互評価・自己評価 ⑥グループ代表によるクラス発表と相互評価・自己評価 相互評価・自己評価活動は，オンラインツールを活用すれば，その場でフィードバックが可能となり，時間短縮や振り返りの教育効果につながる。
準 備 物	相互評価用の掲示板等（Google フォーム等）を，書き込んだ意見をその場で提示・共有・発表者へフィードバックできるように設定する。

（参考）【動画教材】「情報化社会の新たな問題を考えるための教材」文部科学省

（平成 26 年～令和 3 年度作成）

情報化社会の新たな問題を考えるための教材～安全なインターネットの使い方を考える～では，児童生徒向けの動画教材，教員向けの指導の手引き等が掲載されている[16]。

1　ゲームに夢中になると…（小学 5 年生～中学 1 年生）
2　身近にひそむネットの使い過ぎ（中学 2 年生～高校 3 年生）
3　そのページ，確認しなくて大丈夫？（小学 5 年生～中学 1 年生）
4　ネット詐欺等に巻き込まれないようにするために（中学 2 年生～高校 3 年生）
5　軽い気持ちの ID 交換から…（小学 5 年生～中学 1 年生）
6　写真や動画が流出する怖さを知ろう（中学 2 年生～高校 3 年生）
7　ひとりよがりの使い方にならないように（小学 5 年生～中学 1 年生）
8　情報の記録性，公開性の大きさ（中学 2 年生～高校 3 年生）
9　SNS への書き込みの影響（小学 5 年生～中学 1 年生）
10　軽はずみな SNS への投稿（中学 2 年生～高校 3 年生）
11　パスワードについて考えよう（小学 5 年生～中学 1 年生）
12　大切な情報を守るために（中学 2 年生～高校 3 年生）
13　うまく伝わったかな？（小学 5 年生～中学 1 年生）
14　コミュニケーションの取り方を見直そう（中学 2 年生～高校 3 年生）
15　SNS を通じた出会いの危険性（小学 5 年生～中学 1 年生）
16　スマートフォンやタブレットなどの使いすぎ（小学 1 年生～小学 4 年生）
17　スマートフォンやタブレットなどの利用マナー（小学 1 年生～小学 4 年生）
18　著作物を公開するためには（小学 5 年生～中学 1 年生）
19　学習用タブレットの上手な使い方（小学 1 年生～小学 4 年生）
20　思ったまま SNS に送信しただけなのに（小学 5 年生～中学 1 年生）
21　タブレットを活用した学習活動について考えよう（小学 5 年生～中学 1 年生）

章末問題

(1) 情報モラルの定義について述べた上で，情報モラルの内容について，説明しなさい。
(2) デジタル・シティズンシップ教育と情報モラル教育の違いについて，説明しなさい。
(3) 教員が知っておくべき「情報モラルに関連する法令」について，概要をまとめなさい。
(4) 情報モラル教育のための連携について，概要をまとめなさい。
(5) 児童生徒を取り巻く ICT 機器の使用実態調査用のアンケートをフォーム（例えば，Google フォーム）で作成しなさい。
(6) (5)の調査結果を分析して，児童生徒の実態に応じた事例教材（例えば，小学校の事例 4 などについて）を作成しなさい。
(7) 高等学校の事例 4 にあるプレゼンテーションの相互評価のための教材を，グループ別にフォーム（例えば，Google フォーム）で作成し，グループ内で相互評価の結果を共有できるように設定しなさい。

参考文献

1) 高橋参吉：3章「情報倫理とネチケット」：電子情報通信学会編, 情報セキュリティハンドブック, 6編「情報セキュリティと社会」, pp.489-495, オーム社, 2004 年

2) 越智　貢, 土屋　俊, 水谷雅彦：「情報倫理学-電子ネットワーク社会のエチカ」, ナカニシヤ出版, 2000 年

3) (社)私立大学情報教育協会：「情報倫理概論 1995 年版」, 1995 年

4) 情報教育学研究会 (IEC)・情報倫理教育研究グループ：「インターネットの光と影-被害者・加害者にならないための情報倫理入門-」(はしがき), 北大路書房, 2000 年

5) 情報化の進展に対応した初等中等教育における情報教育の推進等に関する調査研究協力者会議 最終報告：「情報化の進展に対応した教育環境の実現に向けて」, 1998 年

6) 文部科学省：「高等学校学習指導要領解説　情報編」, pp.81-82（1999 年（平成 11 年）改訂）

7) 文部科学省：「幼稚園, 小学校, 中学校, 高等学校及び特別支援学校の学習指導要領の改善について」, 2008 年

8) 文部科学省：「教育の情報化に関する手引（平成 22 年 10 月）」, 2010 年

9) 文部科学省：「一部改正学習指導要領等（平成 27 年 3 月）小学校, 中学校　学習指導要領解説　特別の教科　道徳編」, 2015 年

10) 文部科学省：「幼稚園, 小学校, 中学校, 高等学校及び特別支援学校の学習指導要領等の改善及び必要な方策等について（答申）」, 2016 年

11) 文部科学省：「教育の情報化に関する手引（令和元年 12 月）」, 2019 年

12) 文部科学省：「情報活用能力を育成するためのカリキュラム・マネジメントの在り方と情報デザイン」, 次世代の教育情報化推進事業「情報教育の推進等に関する調査研究」成果報告書第 2 章, 2019 年

13) 坂本　旬, 芳賀高洋, 豊福晋平, 今度珠美, 林　一真：「デジタル・シティズンシップ, コンピュータ 1 人 1 台時代の善き使い手を目指す学び」, 大月書店, 2020 年

14) 三宅健次：「情報モラル教育からデジタル・シティズンシップ教育へ, 情報モラル教育の新たな視点」, 特集 GIGA スクール時代の情報モラル教育, 道徳教育 No.763, 明治図書, 2022 年

15) 高橋参吉：「論説　高等学校学習指導要領実施上の課題と改善（情報）」, 中等教育資料 09 月号, 学事書房, 2015 年

16) 文部科学省：「情報化社会の新たな問題を考えるための教材〈児童生徒向けの動画教材, 教員向けの指導手引き〉」

17) 文部科学省：「情報化社会の新たな問題を考えるための教材～安全なインターネットの使い方を考える～-令和 2 年度追加版-」, 2020 年

18) 文部科学省：「情報モラルに関する指導の充実に資する〈児童生徒向けの動画教材, 教員向けの指導手引き〉・〈保護者向けの動画教材・スライド資料〉　等, 教材④」, 2014 年

19) 東京都教育委員会：「とうきょうの情報教育」-事例-
https://infoedu.metro.tokyo.lg.jp/html/

※URL については, 2022 年 11 月アクセス

第 6 章 ICTを活用した特別支援教育

　この章では，まず支援技術とユニバーサルデザインについて説明し，次に，デジタル教科書に代表される ICT 活用による合理的配慮をまとめる。最後に，学習指導要領における特別な支援を必要とする子どもたちへの配慮について説明する。

1節 | ICT活用

1. 支援技術とユニバーサルデザイン

　眼鏡や車椅子のように人間の活動する能力を補ったり，代替したりする技術のことを**支援技術**（Assistive Technology）という[1]。支援を必要とするための技術の歴史は長く，1980年代には活字と点字が同時に印刷できるプリンタが開発されている。また，事前に音声を録音し，ボタンを押すことでコミュニケーションを支援する機器（VOCA：Voice Output Communication Aid）や，音声を文字にする音声認識ソフトウェア，意思を表出するための絵カードがセットになった本など，支援を必要とする人たちのための製品は数多く提供されてきた。

　しかし，技術の進歩やICT機器の普及とともに，市販の機器やソフトウェアに組み込まれたり，アプリ化されたりなどして，障害のある人を対象とした支援だけではなく，高齢者の支援，多言語対応など，誰にとっても使いやすい環境が整ってきたと言える。例えば，スマートフォンの文字を大きく，太くしたり，画面をダークモードにしたりなどして，見やすくする，文字入力の代わりに音声入力を使うなども日常的となった。

　また，人工知能技術の進歩により，音声から文字への変換精度があがり，オンライン会議システムなどにおいても，音声が自動的に字幕になり，また字幕の言語も選択できるなど，聴覚に支援が必要な人たちだけではなく，全ての人にとって使いやすい環境になってきている。

　このように，「あらかじめ，障害の有無，年齢，性別，人種等にかかわらず多様な人々が利用しやすいよう都市や生活環境をデザインする考え方」[3]を**ユニバーサルデザイン**（UD）という。シャンプーとトリートメントのボトル，ドリンク缶の「おさけ」表記など，日常生活の中に，ユニバーサルデザインは多くみられる。

図6-1　コミュニケーション支援アプリの画面例[2]

　合理的配慮とは，「障害のある子供が，他の子供と平等に「教育を受ける権利」を享有・行使することを確保するために，学校の設置者及び学校が必要かつ適当な変更・調整を行うことであり，障害のある子供に対し，その状況に応じて，学校教育を受ける場合に個別に必要とされるもの」[4] である。教室の椅子にカバーをかけて，雑音の発生を少しでも防いだり，プリントを白い紙ではなく，色のついた紙に印刷したりするなど，従前より様々な配慮がされてきている。

　なお，2013 年（平成 25 年）に「障害を理由とする差別の解消の推進に関する法律（通称：障害者差別解消法）」が制定され，国や地方自治体において，合理的配慮の提供は義務とされた。そして，2021 年（令和 3 年）にこの法律が改正，公布され，民間の事業者にも適応されることとなった。

　ICT による合理的配慮は，1 節で述べたアプリの利用の他，コンピュータやタブレット端末の表示設定を変えることによっても可能である。株式会社モリサワは，「書き方の方向や点・ハライの形状を保ちながらも，太さの強弱を抑え，ロービジョン（弱視），ディスレクシア（読み書き障害）に配慮したデザイン」[5] である「UD デジタル教科書体」（図 6-2）というフォントを開発した。このフォントは Windows OS には標準でインストールされている（2022 年6 月現在）。公共施設の案内表示や配付物，テレビ番組の字幕，飲食店のメニューなどでも使われている。

通常の教科書体	通常のゴシック体
山追令さ	山追令さ
楷書に近く，線の強弱があるため読みにくい	教育現場に準じた書き方とちがい教えにくい

UD デジタル教科書体

山追令さ

・学習指導要領に準拠した字形
・ロービジョン（弱視），
　ディスレクシア（読み書き障害）
　にも配慮したデザイン

図 6-2　UD デジタル教科書体

2019年（平成31年）4月から学習者用デジタル教科書を制度化する「学校教育法等の一部を改正する法律」等関係法令が改正され，これまでの紙の教科書を主たる教材として使用しながら，必要に応じて**学習者用デジタル教科書**を併用することができることとなった。「学習者用デジタル教科書」とは，紙の教科書の内容の全部（電磁的記録に記録することに伴って変更が必要となる内容を除く。）を記録した電磁的記録である教材のことである。

　紙の教科書をデジタル化することにより，動画やアニメーションを視聴したり，検索や保存ができたりするだけではなく，画面の拡大縮小，音声読み上げ，ハイライト機能（必要な所を目立たせるようにする），反転機能（背景色と文字色を入れ替える）等により，ICTを活用した合理的配慮が可能となった。

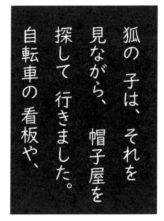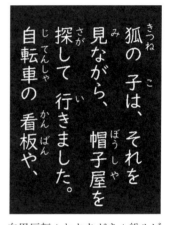

白黒反転　　　　　　　　白黒反転＋わかちがき　　　　白黒反転＋わかちがき＋総ルビ

図6-3　デジタル教科書における様々な配慮（例）

　2019年（令和元年）12月に文部科学大臣から発表された「子供たち一人一人に個別最適化され，創造性を育む教育ICT環境の実現に向けて」を発端とし，1人1台端末とネットワーク環境整備を実現する「GIGAスクール構想」（詳細は7章）により，デジタル教科書の活用が促進された。なお，2022年（令和4年）度から，小学校5・6年生の1教科（英語），及び中学校全学年の2教科分（英語＋希望教科）のデジタル教科書が無償配付されており，次期の教科書改訂時期である2024年に向けて全面的に無償化を検討している段階である。

2節 活用における留意点

1. 学習指導要領における特別支援教育の配慮

特別支援教育における ICT 活用の視点は，以下の 2 つである[6]。

① 教科指導の効果を高めたり，情報活用能力の育成を図ったりするために，ICT を活用する視点
→教科等又は教科等横断的な視点に立った資質・能力であり，障害の有無や学校種を超えた共通の視点である。各教科等の授業において，他の児童生徒と同様に実施する。

② 障害による学習上又は生活上の困難さを改善・克服するために，ICT を活用する視点
→自立活動の視点であり，特別な支援が必要な児童生徒に特化した視点である。各教科及び自立活動の授業において，個々の実態等に応じて実施する。

障害の状態や特性やそれに伴う学びにくさは多様かつ個人差が大きく，障害のない児童生徒以上に「個別最適化した学び」ともいえる「特別な支援」が必要である。例えば，視覚障害，聴覚障害，肢体不自由，病弱などの身体の障害による学習上の困難に対しては，障害の特性に応じた ICT 機器や補助具の活用が必要であり，知的障害，発達障害などによる学びにくさやコミュニケーションの困難に対しては，理解や意思表示を支援するために ICT 機器の活用が有効である。

特別支援学校には，特別に設けられた領域として，「自立活動」がある。これは，個々の児童生徒が自立を目指して，障害による学習上又は生活上の困難を主体的に改善・克服するために必要な知識，技能，態度及び習慣を養うことで，心身の調和的発達の基盤を培おうとするものである。障害による困難さから移動や人との関わりの範囲が狭くなりがちな児童生徒にとって，インターネット等のネットワークを介したコミュニケーションや，テレビ会議システム等を介した遠隔交流は大きな意味を持っている。そうした経験の拡大が将来の自立や社会参加に役立つと考えられる。

小・中・高等学校の学習指導要領の総則においては，特別な配慮を必要とする児童生徒への指導として全ての学習活動において「障害のある児童（生徒）などについては，学習活動を行う場合に生じる困難さに応じた指導内容や指導方法の工夫を計画的，組織的に行うこと」と規定されており，そのためには「情報手段や教材・教具の活用を図ること」と述べられている。

なお，「教育の情報化に関する手引」（平成 22 年度版）においては，特別支援教育における教育の情報化について，第 9 章でまとめて記述されていたが，「教育の情報化に関する手引」（令和元年度版）においては，第 4 章第 4 節「特別支援教育における ICT の活用」の他，各章に関連する記述がみられる。

特別な支援を必要とする児童生徒のニーズは多様である。以下，それぞれの障害に応じた ICT の活用についてまとめる。

1) 視覚障害

特別支援学校学習指導要領においては，「視覚補助具やコンピュータ等の情報機器，触覚教材，拡大教材及び音声教材等各種教材の効果的な活用を通して，児童生徒が容易に情報を収集・整理し，主体的な学習ができるようにするなど，児童生徒の視覚障害の状態等を考慮した指導方法を工夫すること」と規定されている。

現在のコンピュータ操作は，視認性，操作性に優れ，直感的な操作が可能であるグラフィカルユーザインタフェース（GUI）が幅広く普及し，主流となっている。しかしながら，視認性を重視していることから，視覚障害者である児童生徒にとっては，逆に扱いづらいインタフェースであるという側面もあり，情報格差（デジタルデバイド）が生じる可能性を与えている。

全盲で視覚的に画面情報を全く得られない場合には，音声リーダーで読み上げさせ聴覚情報として入手したり，ピンディスプレイなどに出力し，触覚情報として入手したりするなどの代替手段により補うことが必要である。

弱視で視覚的な情報を得にくい場合には，視覚情報をその児童生徒の見やすい文字サイズやコントラストに変換することが必要である。タブレット端末の場合は，拡大機能，白黒反転機能，リフロー機能（表示するデバイスの画面サイズや文字サイズの変更などに合わせて，テキストやレイアウトを流動的に表示する）が有効である。また，タブレット端末のカメラで，板書，その他小さいものや動くものを撮影することで，手元で拡大して表示することができる。

従前より，手書きや印刷された文字を読み取り，文字データに変換する OCR（Optical Character Recognition）技術がある。昨今，人工知能技術による画像認識は精度があがり，スマートフォンのカメラを向けると，何が映っているかを推定し，音声や文字で返すことが可能となってきた。また，カメラ機能を持つゴーグルもすでに市販されており，このような技術の組み合わせにより，近い将来，手軽に視覚情報を音声情報に変換できるようになることが予想される。

2) 聴覚障害

特別支援学校の学習指導要領においては，各教科の配慮事項として「視覚的に情報を獲得しやすい教材・教具やその活用方法等を工夫するとともに，コンピュータ等の情報機器などを有効に活用し，指導の効果を高めるようにすること」と規定されている。

聴覚障害者である児童生徒の学習においては，適切に音声情報を活用する指導や配慮と並行して，視覚的な情報を充実した指導方法の工夫が必要である。例えば，各教科書会社が作成した指導者用デジタル教科書と大型提示装置を活用することで，児童生徒の視線を1か所に集中

させて授業を進めることや，教員などの発話データをクラウド上に保存し，音声認識技術を用いてテキストに変換し，大型提示装置やタブレット型学習者用コンピュータにリアルタイムに表示するシステムを活用した授業を実施することも可能になる。

廊下や共有スペースなどにディスプレイを設置し，チャイムや非常ベルを視覚情報として表示したり，「見える校内放送」として行事案内や給食の献立，身近なニュースなどを提示したりすることも児童生徒自身が情報を活用する取り組みの一つとなる。このようなディスプレイは公共機関や駅などにも設置されており，イラストなども多用され，多言語対応も可能になっている。

一方，音声情報が入りにくいあるいは入らないことによる日本語獲得の困難が生じやすいことから，学習の活動内容や進め方にも多様な創意工夫が必要となる。

従前より，手書きや筆談ボードでコミュニケーションをとったり，講演や授業などの音声情報をリアルタイムで文字に変換したりしてきたが，画像認識と同様，人工知能技術により音声認識も非常に精度があがってきている。特に，前後の文脈により漢字を適切に変換したり，方言に対応したりなども可能になってきた。リアルタイムに字幕を表示する機能を持つプレゼンテーションソフトウェアやテレビ会議システムの活用も考えられる。

3）知的障害

特別支援学校の学習指導要領においては，指導計画の作成と各教科全体にわたる内容の取扱いとして，「児童生徒の知的障害の状態や学習状況，経験等に応じて，教材・教具や補助用具などを工夫するとともに，コンピュータや情報通信ネットワークを有効に活用し，指導の効果を高めるようにするものとする」と規定されている。

情報機器は双方向的な関わりを生み出しやすく（インタラクティブ性），視覚的，聴覚的にも多様な表現ができるため，児童生徒が関心を持ちやすいことから，活用の仕方を工夫することで有用な教材・教具となる。例えば，算数の数や集合，時間や順序など抽象的な事柄を理解するために視覚化するアプリケーションや，段階的に学ぶための学習教材，自律した学校生活を送るためにスケジュールや持ち物を確認したりするアプリケーション（図6-4）の活用が考えられる。

知的障害者である児童生徒が心理的な安定などのために，余暇の過ごし方の手段の一つとして，インターネットやゲームを利用することも考えられる。ただし，その際，利用方法だけを習得させた場合，いたずらや不正な書き込みを行ったり，ネット犯罪に巻き込まれたりするなどの問題が生じることも予想されることから，児童生徒の発達の段階，経験の程度などに応じた適切な情報モラルの指導を行う必要がある。

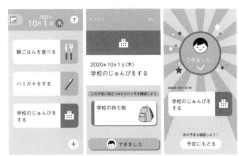

図6-4　アシストガイド[8]

4）肢体不自由

特別支援学校の学習指導要領においては、「児童生徒の身体の動きや意思の表出の状態等に応じて、適切な補助具や補助的手段を工夫するとともに、コンピュータ等の情報機器などを有効に活用し、指導の効果を高めるようにすること」と規定されている。

肢体不自由者である児童生徒に対する情報機器を活用した指導においては、児童生徒の障害の状態等に応じて、適切な支援機器を適用するとともに、発達や体調の変化などに応じて、絶えず細かい調整をする必要がある。

図6-5　視線入力装置

コンピュータやタブレット端末を利用する際の課題の一つとして、入力装置がある。標準の機能では入力に困難が生じる場合、代替装置として、大型のキーボードやマウス、ジョイスティック、トラックボールなどが挙げられる。また、**視線入力装置**（図6-5）も技術の進歩により手軽になったため、活用が増えてきた。

また、マウスのボタンを押す代わりに、各種センサーでスイッチにする場合も多い。例えば、音に反応する音センサ、光を遮ると反応する光センサ、曲げると動作する屈曲センサ、息を吹き込むことで動作する呼気センサなどである。

5）病弱

特別支援学校の学習指導要領においては、「児童生徒の身体活動の制限や認知の特性、学習環境等に応じて、教材・教具や入力支援機器等の補助用具を工夫するとともに、教科等の指導におけるICTの活用等の情報機器などを有効に活用し、指導の効果を高めるようにすること」と規定されている。

病弱者である児童生徒の学習においては、入院や治療、体調不良等のため学習時間の制約や学習できない期間（学習の空白）などがあるため、学習の空白を補うための一つの手段として、病室でも使用しやすいデジタル教科書やオンライン教材の活用などが有効である。

また、入院生活を送る病弱者である児童生徒にとって、同世代の児童生徒や保護者との交流は欠かせない。時間や空間に左右されないネットワークの活用は、学習環境の整備とともに、心理的な安定にも必要である。

さらに、オンライン学習環境が促進されたことにより、遠隔操作のできるロボットを活用し、教室での授業（図6-6）や、校外学習などにもオンラインで参加する事例も増えてきた。

図6-6　分身ロボットで授業参加

6）発達障害

　発達障害には様々な特性があり，児童生徒の個別のニーズに合わせて支援を行う必要がある。

　読字に困難がある場合には，デジタル教科書を活用し，フォントや文字色を変更する，ハイライト機能で必要な個所をわかりやすくするなどの支援が考えられる。

　書字に困難がある場合には，タブレット端末の漢字変換機能で負担を軽減する，板書や印刷物をカメラ機能で撮影し，記録をとるなどの支援が考えられる。また，漢字ドリルに代表される書字支援のアプリケーションも活用できる。その際，ドリルの内容が児童生徒の困難さに適合しているかの確認，及び当該学年ではないドリルを用いる際の配慮も重要である。

　視覚認知に困難がある場合には，ノートやプリントに図表を書く代替として，図表作成アプリを活用したり，立方体や地形の把握は3Dで立体表示したりするなどの支援も有効である。

　気持ちの整理や行動の修正が苦手な場合には，スケジュールアプリでその日の流れを確認したり，変更があったときには，スケジュールを組み替えて再度確認したりするなどして，見通しを持たせることが重要である。

　聞くことに困難がある場合には，ICレコーダーやタブレット端末の録音機能で記録をとり，後に聞き返す支援が考えられる。また，学年が上がるにつれ，メモアプリで簡単にメモを取る習慣を持たせることも将来に向けての支援につながる。

　集中することが苦手な場合や集中しすぎる場合にも，スケジュールアプリで見通しを持たせることに加え，残り時間を円グラフや棒グラフで示すタイマーや残り回数を示すことも必要である。

　状況把握や対人関係の構築が苦手な場合には，状況の流れを示すフローチャートや概要を示すアウトラインプロセッサを活用し，自分や他人の発言や行動を振り返ったり，予測したりする活動にICTを活用することが考えられる。

　一斉指導の中で，障害のある児童生徒に情報機器を活用する際には，同時に，クラスの多くの児童生徒にも効果のある活用方法が求められる。特に発達障害のある児童生徒に配慮した指導の多くは他の児童生徒にも効果的な指導である場合があり，このことを**授業のユニバーサルデザイン化**という。

　以上が様々な困難がある児童生徒へのICTの活用例であるが，障害等を併せ持つ場合もあるため，児童生徒の個々の状況を見極め，「個別最適化」された環境を整えることが重要である。その際，学級担任だけではなく，通級指導の教員や養護教諭，保護者とも連携を図り，現状の困難への対応だけではなく，就学や就労，そして自立に向けての支援を考えていくことが必要である。

◉ COLUMN　場面緘黙（かんもく）のある子どもたちへのICTによる合理的配慮

　日常生活の中では問題はないが，特定の状況において話しにくくなったり，話せなくなったりする場面緘黙と呼ばれる症状のある児童生徒も存在する。場面緘黙は障害ではないが，発達障害と併せて見られるケースも多い。例えば，発言を求められる場合に発症する場合には，言葉での発表の代わりに，意見をまとめた画面を提示するなどの代替も考えられる。

◉ COLUMN 技術の進歩による支援技術の変化

　技術の進歩により，支援技術も様々に変化している。

　例えば，従来，義手や義足は利用者個別の調整が必要であったり，そもそも材料が高かったりで，特に発展途上国においては普及していなかった。しかし，安価な 3D プリンタの登場により，多くの人が義手や義足を入手し，社会生活を送ることができるようになった。

　また，アプリなどの開発環境についても簡便になり，障害による障壁を少なくしたり，困りごとを軽減したりするアプリも増えてきた。例えば「こえとら」は，国立研究開発法人情報通信研究機構（NICT）が開発したスマートフォンアプリである。音声認識技術や音声合成技術を活用し，聴障者と健聴者とのスムーズなコミュニケーションを支援するものである。

　支援技術に関する製品やサービスは日進月歩で開発されているが，東京大学領域創成プロジェクトの一つである「学際バリアフリー研究プロジェクト」の活動の一環として制作された Web サイト「エイティースクウェアード」[8] では，利用者の状況や希望に応じて様々な製品やサービスの情報を提供している。

章末問題

(1) 支援技術とユニバーサルデザインについて，説明しなさい。また，ユニバーサルデザインの例を3つ挙げなさい。
(2) ICTによる合理的配慮として考えられる，デジタル教科書の機能をまとめなさい。
(3) 特別支援教育におけるICTの活用の2つの視点を説明しなさい。
(4) 授業のユニバーサルデザイン化について説明しなさい。

参考文献

1) 一般社団法人日本支援技術協会
   https://www.jatc.jp/
2) ドロップレットプロジェクト
   https://droptalk.net/?page_id=6496
3) 内閣府：「障害者基本計画」，2002年
4) 文部科学省：「中央教育審議会初等中等教育分科会特別支援教育の在り方に関する特別委員会合理的配慮等環境整備検討ワーキンググループ報告」，2012年
5) 株式会社モリサワ：「UDデジタル教科書体の特徴」
   https://www.morisawa.co.jp/fonts/specimen/3762
6) 文部科学省：「特別支援教育におけるICTの活用について」
7) ソフトバンク：「アシストガイド」
   https://www.softbank.jp/mobile/service/assistguide/
8) 東京大学・学際バリアフリー研究プロジェクト：エイティースクウェアード
   http://at2ed.jp/

※URLについては，2022年11月アクセス

第 7 章 校務の情報化と ICT 環境の整備

学校の教員の仕事は授業と校務に大別される。この章では，校務の内容について整理し，これを情報化するためのプロセスとメリット，外部機関との連携による ICT 環境の整備の在り方について述べる。

1節 統合型校務支援システム

1. 学校の校務

1）児童生徒から見た校務

学校の校務を児童生徒を中心に考えてみると以下のようになる。

図 7-1　児童生徒から見た学校の校務

学校の教員は，授業を行いながら，これらの校務を分担している。これ以外にも教育相談，進路指導など児童生徒に関わる校務，研究授業や教員研修など教員の資質・能力の向上に関わる校務など，学校には幅広い校務が存在する。また，教育委員会からの調査に答えたり，報告書を作成したりするなどの校務も多い。

2）校務分掌

このような学校運営に不可欠な組織を校務分掌という。これは，小中高の学校種別で異なるところがあり，同じ学校種別であっても全く同じとは限らない。ここでは，中規模の高校の**校務分掌**について整理を試みる。大規模な学校では，校務分掌もより詳細になり，小規模な学校では，それなりに簡素化される傾向がある。

学級担任を担当する教員は，ほとんどの場合，何かしらの校務分掌に所属している場合が多い。大規模な学校では，担任を持たずに校務分掌のみを担当する場合もあるが，小規模な学校では複数の校務分掌を兼任する場合もある。教員にとって，校務分掌の負担は小さなものではなく，これの簡素化，効率化は教員の働き方改革に向けて解決すべき課題と捉えられている。その一つの手段として校務の情報化が期待されている。

表 7-1　高校の校務分掌の例

校務分掌	業務内容
学年	学年・学級経営，学年 PTA，学級 PTA，生徒指導
教務	時間割作成・変更，評価・認定などの成績処理，児童生徒の出欠等の管理
総務	PTA，同窓会，購買，広報，学校説明会，地域との連携，生涯活動全般
生徒	生徒総会，部活動，委員会活動，学園祭，球技大会，体育大会 規範，規律，安全指導，LHR，道徳教育計画，清掃活動，ボランティア活動
進路	キャリア教育，進路情報の収集・提供
保健	健康診断，保健室業務
相談	教育相談（特別支援コーディネーター）
情報管理	情報機器の管理，情報資産管理，校内ネットワーク管理，ID 管理
企画	研究・研修，授業改善，校務改善
事務室	庶務・会計，施設管理，学校所有の自動車管理，同窓会館の管理

3）校務分掌の担当

　校務分掌の担当を決めるのは校長である。**学校教育法**第 37 条第 4 項に，「校長は，校務をつかさどり，所属職員を監督する」と定められており，これが教員の担当する校務分掌を校長が決める根拠である。**学校教育法施行規則**第 43 条では，「小学校においては，調和のとれた学校運営が行われるためにふさわしい校務分掌の仕組みを整えるものとする」とあり，これは中学校にも準用されている。

　「調和の取れた学校運営が行われる」ことが，校務分掌の目的であるから，それぞれの校務分掌に最も適した教員を校長が割り当てることになる。その判断要素として，教員の校務分掌の希望調査，教員の経験や能力，研修の記録などが用いられる。校務分掌についての教員の希望は，「調和の取れた学校運営」のためにかなえられないこともある。

　学校に必ず置かなければならないものとして，教務主任及び学年主任，保健主事，事務長または事務主任がある。実際の校務組織は，ほとんどの場合，これより多い。それは，前述のものの他に「必要に応じ，校務を分担する主任等を置くことができる」とされているからである。これらは，学校教育法 47 条に規定されている。

　校務分掌を定める際の配慮には以下のようなものがある。

①教育目標，教職員の構成，児童生徒の実態等に応じて絶えず改善を図っていく。

②できるだけ統合，単純化し，合理的・能率的に運営する。

③有機的に配置し，各組織の役割分担と責任を明確にする。

④全教職員について，統合的に計画し，適材適所の配置を工夫する。

⑤全職員の負担の均等化，同一分掌における継続期間についても配慮する。

　ここで，①〜④は組織論の基本に沿っており，⑤は教職員のキャリア形成を考慮したものである。校務分掌は，組織の維持・向上という側面と人材育成という側面を持っていることに留意する必要がある。

情報ネットワークが発達する以前から，それぞれの校務ごとに**校務支援システム**が用いられていた。

1）学校図書館システム

多くの学校で導入されていたものとして，学校図書館システムがある。これは，貸出・返却，購入，登録など，図書の管理を行うものである。小学校から大学まで，業務に共通性があり，標準化がやりやすかったこと，テキストデータによるデータベースを中心としたシステムであることなどが普及した原因であると考えられる。

地域によっては，学校図書館同士がネットワークでつながれたり，地域の図書館とオンラインで結ばれたりした学校図書館システムもみられる。これらは，自分の学校にない書籍も検索することができ，該当の本が見つかった場合，その図書館から本を借り受けることができるようになっている自治体もある。日本電子出版協会（JEPA）は，全国どの小中学校でも使える「学校デジタル図書館」を国主導で作りましょうという提言を行っている。

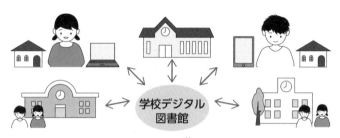

図 7-2　学校デジタル図書館[1]（日本電子出版協会）

2）成績処理システム

中学や高校は教科担任制である。校内ネットワークが整備される前は，各教科担任から伝票の形で生徒の成績及び出欠が学級担任の元に集められ，それを学級担任が担任用の成績処理システムに入力する場合が多かった。この成績処理システムは，市販のものが使われる場合も多かったが，表計算のマクロ機能などを利用した，教員が自作したものが使われる場合もあった。

いずれの場合でも，入力した成績が通知表や指導要録に反映されるようになっており，教員の作業時間の削減に大きな効果があったと考えられる。また，全担任から生徒の成績データを教務に集約することにより，成績会議資料を簡単に作成できるなどのメリットもあった。

これらの成績処理システムは，コンピュータが学校に導入され始めた 1980 年代から使われていた。その頃は，校内ネットワークもなく，キーボードからコマンドを入力してソフトウェアを起動するインタフェースで，校務支援システムなどのソフトウェアも未発達であったが，成績処理という強いニーズが各学校で成績処理システムを導入する原動力となった。

その後，校内ネットワークが導入された際に，表計算のマクロ機能を利用したままでネットワーク対応がなされ，教科担任が成績と出欠を入力し，それを担任が出力したり，教務が活用したりするという，独自の発達を遂げたものもあった。

3）校務支援システムの統合に向けた動き

　校内ネットワークが整備されると，それぞれの校務で独自に使われていた校務支援システムを統合しようという動きが出てきた。実は，校内ネットワークができる前から，補助記憶装置を利用して，生徒の名簿ファイルの共有，出欠・成績の共有が行われている学校は多かったと思われる。また，各校務分掌で使われている文書も同様に整備が進んでいたのではないだろうか。これらが，校内ネットワークが整備されたおかげで効率よく扱えるようになったと考えると，校務支援システムの統合に向けた動きをより良く理解できるだろう。

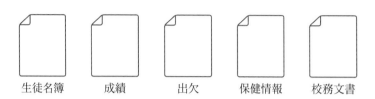

生徒名簿　　　成績　　　出欠　　　保健情報　　　校務文書

図 7-3　校内で共有される情報

4）統合型校務支援システムの共同調達

　インターネットが発達するとともに，情報セキュリティを保った通信を可能にする技術も一般的になり，成績や出欠などの機微な情報も校内のサーバではなく，インターネット上のクラウドに置くことができるようになった。また，処理システム自体もクラウドに置いてブラウザ経由で使用することが可能になった。

　そうなると，教員の自作による校務処理システムは，このような動きに対応することは難しくなり，都道府県や市町村などの自治体単位で所管する学校で共通して使うことができる統合型校務支援システムを調達しようという動きが強まった。

　統合型校務支援システムの要件定義や，異なる学校間での仕様の共通化など，乗り越えるべき課題はあったが，全体としては，広域で統合型校務支援システムを導入する動きが進んでいる。

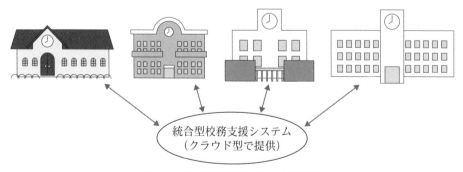

図 7-4　統合型校務支援システムの共同調達

校務支援システムを統合することにより，無駄な入力が減り，情報が一元管理され，情報セキュリティが高まるなどの利点がある。結果として教員の業務負担を減らし，教育の質的向上が期待できる。

1）作業負担・人為的ミスの軽減

例えば，入学時に生徒の名前を一度入力すれば，それが学校全体で使用可能となり，作業負担や人為的ミスが軽減される。また，何らかの理由で生徒の氏名の変更が必要になった場合でも，一度の変更で全てにそれが反映される。これは，統合型校務支援システムが**データベース**をコアとして作成されているからである。出欠情報や成績は，以下のような形で活用される。

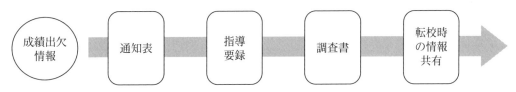

図7-5　作業負担・人為的ミスの軽減の例

2）情報の発信・共有による教育の向上

児童生徒の日常的な所見は，従来からも職員室の雑談等で共有されてきた。また，指導案なども先生の個人的な関係性の元に共有され，新人教員の育成に貢献してきた。しかし，これらは，「たまたま近くにいた」「お互いに時間があった」などの幸運の存在を必要としており，いつでも機能するとは言い難い。これを校内ネットワーク上で行うと，校舎内の場所や人間関係に関係なく共有が可能となる。また，これを地域に広げることもできる。

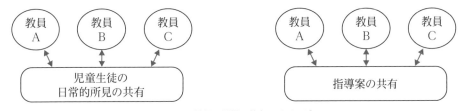

図7-6　情報の発信・共有のイメージ

3）業務時間の短縮と改善

グループウェア機能を用いて，職員会議などの情報を事前に共有して意見を集めることにより，会議では有意義な議論と採決を短時間に行うことができる。また，毎朝の連絡事項なども同様の手段で共有することにより，正確でかつ短時間の連絡が可能になる。出張や年休などの書類の電子決済機能を導入すれば，一般教員においては書類作成の手間が省け，管理職においては書類処理の時間が節約できる。これらによって短縮した業務時間を教職員の働き方改革に充てたり，児童生徒の教育の質の改善に振り向けたりするのは有益なことである。

2節 校務への活用と推進

1. 校務の見直し

校務の見直しを行うということは，今やっている校務が成果につながるものなのか，本当に必要なものなのかを再検討することである。また，検討して終わりではなく，検討後に「その校務をどうするか」を考える必要がある。そのためには以下のようなことを行うとよい。

1）校務の流れを把握する

校務の見直しを行うには，その流れを把握することが大切である。現在の校務の非効率な点を見つけることが校務の改善や，校務の効率化につながる。そのためには，

・担当者へヒアリングを行う。

・名簿や成績などのデータの流れを整理する。

・これらを図に表し業務のフローを可視化する。

などを行う。これをしないと，全体の流れが把握できず，改善の抜けや漏れ，想定外のデメリットが発生する恐れがある。

2）不必要な校務をやめる

不必要な校務の発見の仕方には2通りある。1つは，1）で可視化したフローを基に重複しているものをまとめることである。例えば，校内の複数で同じ内容を入力していれば，それは明らかに不必要な校務と言える。もう1つは，従来の校務を普段より短い時間で実行してみることである。そうすると，本当に必要な業務のみが残り，優先度の高くない業務には手をつけないようになる。この優先度の高くない業務は，不必要な業務の候補になる。

3）校務の仕組みを改善する

1）で可視化したフローを眺めた際に，明らかに多くの校務が1人の教員に集中しているのが発見される場合がある。このような場合は，負担の平準化を行うために該当の校務を分担したり，補助者をつけたりといった校務の仕組みの改善が必要になる。その際，教員の訓練や研修が必要になる場合が生じる可能性がある。

また，書類手続きの簡略化，確認作業の簡素化など，校務の目的に支障のない範囲で，できることはたくさんあるのではないだろうか。大切なことは，前例踏襲をやめ，先入観を持たず，校務を最初から見直すことである。そのために，外部の方に校務の見直しを依頼したり，外部の方と一緒に校務の見直しを行ったりすることも有効である。

4）外部の力を借りる

校務の見直しを行った際に，「教員でなくてもできる業務」が見つかる場合がある。ICT関連の業務であれば，**ICT支援員**（→p.107）の活用を考え，それ以外の業務であれば，**学校ボランティア**などの活用を考える。また，来年度に向けて必要な人員を確保するために予算措置を講ずるなどの方法もある。「教員でなければできない業務」「教員でなくてもできる業務」を切り分け，外部の力を借りるというのも校務改善の有効な方法である。

統合型校務支援システムは一般に多機能であり，その全てを研修で身に付けるにはかなりの時間が必要になる。研修と活用効果のバランスを考慮すると，優先度の高い校務から順に導入していくことが現実的である。

1）業務改善効果の高い校務から使う

「統合型校務支援システムの導入のための手引き」[2] によれば，業務改善効果の高い業務は次の5つである。

・通知表の作成
・指導要録（指導に関する記録）の作成
・児童生徒の在籍・出欠管理（名簿の作成，日々の出欠管理，出欠席情報の月末報告等）
・指導要録（学籍に関する記録）の作成
・日々の成績処理（テスト等のデータ入力・統計・評価）

まずは，これらの業務から統合型校務支援システムを使い始めると良いだろう。これ以外で，すぐに導入できるものとしては，グループウェア機能を利用した情報伝達（朝の打ち合わせ，会議資料）や，保健管理機能を利用して行う健康診断に関する事務などがある。

2）データの蓄積を考えて校務フローを設計する

統合型校務支援システムにデータが蓄積されていくデータの流れを図7-7に示す。この流れに沿って校務を実施していくことでデータ蓄積の恩恵を受けることができる。

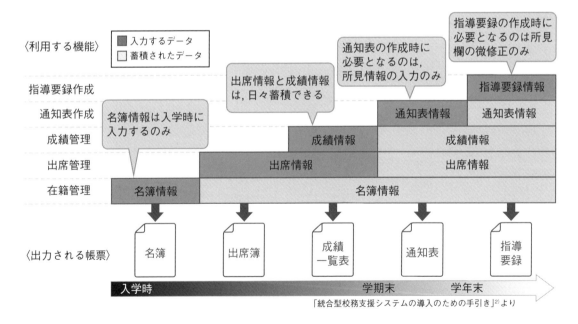

図 7-7　統合型校務支援システムに蓄積されていくデータの流れ

3. 統合型校務支援システムの活用

統合型校務支援システムとは，多忙な教員の校務負担を軽減し，児童生徒に必要な指導を行うために活用されるものである。校務情報を一元的に集約し共有することによって，効率的に校務を処理することができる。

1）統合型校務支援システムを活用する意味と研修

文部科学省の作成した「統合型校務支援システムの導入のための手引き」[2] には，統合型校務支援システムの機能，概要，効果が一覧になっている（表7-2）。統合型校務支援システムを活用していると言えるのは，「概要」に記載されている機能を満たしつつ，「期待できる効果」に記載している効果が実感でき，それが児童生徒の学びにプラスの効果として現れた状態である。

そのためには，個々の機能を使いこなすだけではなく，機能間での連携を意識することによって，より効率的な活用が可能になる。初期の研修は，各機能の操作に重点を置き，中期の研修は機能間の連携を意識し，後期の研修は児童生徒の学びに生かすなどの工夫も必要である。

表7-2　統合型校務支援システムの代表的な機能（例）

機能	概要	期待できる効果
学籍機能	一元的に児童生徒の氏名，住所等の基本情報を管理する機能。進級・進学・卒業等の処理や名簿作成などが可能。	転記，名簿作成の労力削減
出欠管理	児童生徒の日々の出欠を管理する機能。出欠情報の入力，通知表や指導要録への反映，統計処理などが可能。	長期欠席者の把握。労力削減
成績管理	成績処理を行う機能。入力データから観点別評価，評定の自動算出，指導要録などの作成・管理などが可能。	児童生徒の指導改善。教員の作業削減
学習者情報記録	日々の児童生徒の様子等，気付いた点を記録し，共有する機能。生活情報やアレルギー情報の管理なども可能。	複数教職員で学習者情報を把握
週案・時数管理	週案や時数を管理する機能。達成状況の記録も可能。年間指導計画の作成などが可能な場合もある。	指導案の共有，指導方法見直し
保健管理	児童生徒の成長と健康状態を管理する機能。健康診断結果の登録・集計，保健室の来室入力などが可能。	児童生徒の健康状態把握
学校日誌	学校日誌を作成する機能。行事予定や出張の機能等と連携して作成しやすくなっている場合もある。	各種データ連携で作成時間短縮
グループウェア	教職員間で情報を共有する機能。教職員からの申請・報告，文書配布やアンケート機能などを備えている場合もある。	業務効率化で本来の業務時間を確保

2）統合型校務支援システムを補完するもの

　統合型校務支援システムは，表7-2に記載されたような機能を備えている。しかし，これだけで学校の校務を全てカバーすることはできない。前出の「手引き」には，統合型校務支援システムを補完するその他の機能として以下のものが示されている（表7-3）

表7-3　統合型校務支援システムを補完するその他の機能（例）

機能	概要	期待できる効果
体力テスト	体力テストの結果を管理する機能。保健管理に含まれる場合もある。 ● テスト結果の登録 ● 保護者向けの結果出力 ● テスト結果の分析	● 体力テストの統計処理や報告資料等の作成の負担を軽減
給食管理	学校給食に関して管理する機能。 ● 献立情報管理 ● 栄養摂取量計算 ● 報告書作成	● 児童生徒個々のアレルギー情報と連携して，安心・安全な給食を提供
資産管理	プロジェクタ等の備品を管理する機能。	● 学校備品の管理と廃棄処分が効率化され，労力が削減
学校会計・私費会計	学校会計，**私費会計**，学級徴収金等を管理する機能。	● 学校配当予算の執行状況の管理が把握でき，学校運営に活用
図書管理	学校図書等を管理する機能。	● 学校の蔵書をデータベース化し，図書資産を地域で有効活用
緊急連絡	学校が保護者に対して，情報発信・情報共有する機能。	● 緊急時や災害時等に迅速に伝達が可能
学校ホームページ	CMS（Webコンテンツ・マネージメント・システム）を使い，簡単な操作で学校ホームページの作成や日々の更新を行うことで，保護者や地域に発信する機能。	● 情報公開頻度を高めることで，地域住民・保護者の学校への関心の高まりや理解が深まり，連携強化が促進 ● 地域の防災対応力の向上

3）コンピュータを使った校務処理について

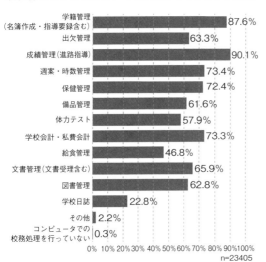

図7-8　コンピュータを使った校務処理の実態
（学校向けアンケート）

　文部科学省では，前出の「手引き」に「コンピュータを使った校務処理について」のアンケート結果（図7-8）を記載している。これを見ると「実際にどの機能が使われているのか」ということが分かり，活用の参考になる。

　この調査からは，統合型校務支援システムの基本機能では，「学籍管理」「成績管理」がよく使われている。これ以外では，会計や管理といった定型の機能の活用度が高い。

3節 | ICT 環境の整備

1. ICT 整備の必要性

OECD の世界的調査，**学習到達度調査（PISA）**が 2018 年に実施した生徒の学校・学校外における ICT 利用の調査結果[3]（図 7-9）によると，国語，数学，理科で 1 週間のうち，教室の授業でデジタル機器を使う時間の国際比較で，日本は OECD 加盟国 31 か国中最下位であった。

また，学校外での平日のデジタル機器の利用状況の調査結果[3]（図 7-10）では，学校の勉強のためにインターネット上のサイトを見る生徒は，31 か国中最下位であり，授業でのデジタル機器の活用や家庭学習におけるインターネット等の利用が，非常に低いことが明らかになった。逆に，1 人用ゲームで遊ぶ回数やネット上でチャットをする回数は，31 か国中首位であり，学校外では ICT を使ってはいるが，学習に活用できていない実態が浮き彫りになった。

学校の ICT 環境の整備は毎年行われてきたが，2019 年 3 月の調査[4]では，教育用コンピュータ 1 台当たりの児童生徒数が 2 人を切っている地域もあれば，一方で 7.5 人の地域もあり，地域によって ICT 環境に大きな格差があることも問題であった。高度に発達した情報社会を生きる能力として，ICT を仕事の道具として活用することが求められている中で，学校で日常的に ICT を利用できる環境を用意し，子どもたちが学習で ICT を有効に活用する能力を育てることは，喫緊の課題となっている。

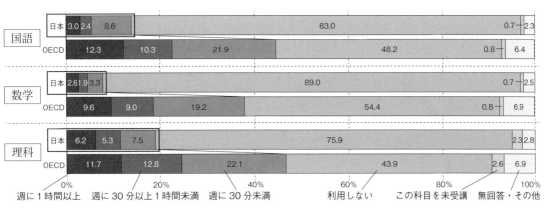

図 7-9　1 週間のうち，教室の授業でデジタル機器を利用する時間

図 7-10　学校外での平日のデジタル機器の利用状況（数値は「毎日」「ほぼ毎日」の合計）

1）ICT 環境整備の経緯

　日本の学校での ICT 環境の整備は，各学校に１か所コンピュータ室を整備し，デスクトップ型のパソコン（PC）を 40 台程度（１クラス分）設置する取り組みから始まった。児童生徒は，必要に応じてコンピュータ室に移動し，PC を使用する授業を受けていた。

　2000 年代に入ると，図 7-11 に示すように，普通教室における ICT 環境の整備が進められた。当初は，図の Stage 1 のように，各教室に教員用 PC １台と**大型提示装置**（プロジェクタや電子黒板等）が設置されている環境で，教員が必要に応じて，PC や**教材提示装置**（書画カメラ）を使って，教材をスクリーンや電子黒板に提示して利用していた。

　国のモデル事業などを通じて，授業中に児童生徒が PC を活用することの教育的効果が確かめられると，普通教室で児童生徒が PC を使えるように ICT 環境の整備が行われた。まずは，図 7-11 の Stage 2 のように，グループで１台の PC がいきわたるように，１クラスに数台の**可動式 PC**（ノート PC やタブレット PC など）を整備した。その後「教育の ICT 化に向けた環境整備５か年計画（2018 ～ 2022 年度）」[5] で，Stage 3 のように，授業展開に応じて必要な時に児童生徒が１人１台の PC を利用できるように，３クラスに１クラス分程度の台数の PC が各学校に整備されるようになった。続いて，GIGA スクール構想[6] が発表され，新型コロナウイルス感染症の広がりでオンライン学習が求められるようになると，「１人１台端末」の整備が一気に広がりを見せ，全国の学校で Stage 4 の整備状況に達しつつある。

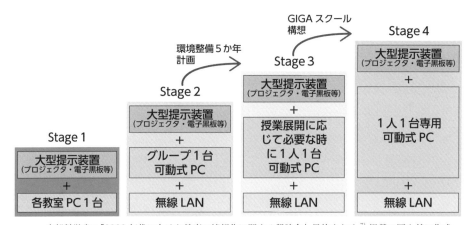

文部科学省：「2020 年代に向けた教育の情報化に関する懇談会」最終まとめ[7] 掲載の図を基に作成
図 7-11　普通教室における ICT 環境整備のステップ

2）教育の ICT 化に向けた環境整備５か年計画

　文部科学省では，学習指導要領の確実な実施を見据えて「2018 年度以降の学校における ICT 環境の整備方針」[5] を取りまとめ，「教育の ICT 化に向けた環境整備５か年計画（2018 ～ 2022 年度）」を策定した。この計画では，図 7-12 のように，学校における ICT 環境の整備で目標とされる水準が示され，国から地方へ ICT 環境整備のための財政措置が行われた。

● 学習者用コンピュータ　3クラスに1クラス分程度整備	● 統合型校務支援システム　100％整備
● 指導者用コンピュータ　授業を担任する教員1人1台	● ICT支援員　4校に1人配置
● 大型提示装置・実物投影機　100％整備 　　　　各普通教室1台，特別教室用として6台	※ 上記の他，学習用ツール，予備用学習者用 　コンピュータ，充電保管庫，学習用サーバ， 　校務用サーバ，校務用コンピュータや 　セキュリティに関するソフトウェアについても整備
● 超高速インターネット及び無線LAN　100％整備	

図7-12　「2018年度以降の学校におけるICT環境の整備方針」で目標とされている水準

3.　GIGAスクール構想

1）GIGAスクール構想の目標

　「教育のICT化に向けた環境整備5か年計画」に並行して，文部科学省は，2018年度より **GIGAスクール構想**（GIGA：Global and Innovation Gateway for All）の実現に向けての取り組みを開始した。GIGAスクール構想では，次のような目標を掲げている。

> ○1人1台端末と，高速大容量の通信ネットワークを一体的に整備することで，特別な支援を必要とする子供を含め，多様な子供たちを誰一人取り残すことなく，公正に個別最適化され，資質・能力が一層確実に育成できる教育ICT環境を実現する。
> ○これまでの我が国の教育実践と最先端のICTのベストミックスを図ることにより，教師・児童生徒の力を最大限に引き出すとともに，学習活動を一層充実させ，「主体的・対話的で深い学び」の視点からの授業改善を図る。

　GIGAスクール構想では，図7-13のように，児童生徒「**1人1台端末**」の環境で新たな学びが可能になり，学びを深化させ，学びを転換させて次世代の学校教育の実現を目指している。

2）「1人1台端末」の整備状況

　GIGAスクール構想での「1人1台端末」の実現には，国から，国公私立の小・中学校及び特別支援学校の児童生徒が使用するPC端末整備に対する財政的支援が行われており，

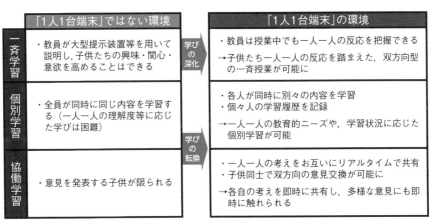

文部科学省：「GIGAスクール構想の実現へ」のリーフレット掲載の図を基に作成

図7-13　GIGAスクール構想により実現する環境と学習の例

2022年3月末までに，全国の98.5％の自治体で義務教育段階における1人1台の端末の整備が完了する予定である[6]。残りの自治体も2022年4月以降に整備を完了する予定で，全ての自治体の小・中学校及び特別支援学校で，児童生徒1人1台の端末（タブレットやノート型PC等）の利用が可能となる。また，視覚や聴覚，身体等に障害のある児童生徒には，障害の状況に応じて，端末の使用に当たって必要となる入出力支援装置の整備も進められている。

　一方，高等学校の「1人1台端末」の整備は，2022年度中に全ての都道府県（政令指定都市含む）において，2022年度に入学した1年生の「1人1台端末」の環境が整備され，2024年度までに，全学年の「1人1台端末」の環境整備が完了する予定である。

3）ハード・ソフト・人的サポートが一体となった整備

　GIGAスクール構想は，児童生徒1人1台の端末等のハード面だけでなく，利活用のためのノウハウ集作成等のソフト面や，人的サポート等を一体化させてICTの整備を進めている[6]。

①学校ネットワーク環境の整備〈ハード〉

　小・中・特別支援・高等学校における校内LAN環境の整備，電源キャビネットの整備，学習系ネットワークを直接インターネットへ接続するための整備を行う。

②ICT環境整備の標準仕様例示と調達改革〈ハード〉

　学習者用端末，校内LAN整備などの標準仕様の例示を作り，学校ICT環境の整備調達を容易にする。

③セキュリティガイドラインの整備〈ソフト〉

　「1人1台端末」を安全に利用するためのセキュリティ対策や，クラウドサービスの利用を前提とした**教育情報セキュリティポリシー**に関するガイドラインやハンドブックを提供する。

④学校ICT利活用ノウハウ集の公表〈ソフト〉

　教員や学校，教育委員会等が，情報教育やICTを活用した指導，ICT環境整備等を行う際に参考となる「教育の情報化に関する手引」を作成し公表する。全ての教職員がICT環境をすぐに使えるように，各学校段階・教科ごとに，特別支援教育については学習上の困難や障害の種別ごとにICTを活用した効果的な学習活動の事例を提示する。

⑤関係省庁の施策との連携〈ソフト〉

　文部科学省が中心になり，総務省，経済産業省など関係する省庁の施策を連携して推進する。総務省は，教育現場でのローカル5G活用モデル構築事業[8]を行い，経済産業省は，**EdTech**（教育におけるAI，ビッグデータ等の新しいテクノロジーを活用した取組）導入実証事業[9]を実施し，Webサイトから教育用コンテンツを提供する。

⑥学外からの支援協力体制の構築〈人材〉

　ICT活用教育アドバイザーによる教育委員会等へのICT環境構築の相談，**GIGAスクールサポーター**による学校へのICT導入の支援，**ICT支援員**による教員への日常的なICT活用の支援，民間企業から学校へのICT導入・利活用に対する協力等，学外からの支援体制を構築する。

　GIGA スクール構想の実現に向けて，児童生徒 1 人 1 台の端末や，校内の**無線 LAN** 接続，**高速インターネット回線**への接続の実現など，ハードウェアを整備する環境は整いつつある。

　一般に，教育の情報化を推進するには，図 7-14 に示す 3 つのステップを踏まえる。

　多額の経費をかけてステップ 1 の ICT 環境を整備したとしても，実際に学習や指導に活用されなければ，ICT 環境の整備は無駄に終わる。整備した ICT 環境を児童生徒の学びや教員の指導に有効活用するには，ステップ 2 の利用環境の整備が欠かせない。各学校では，次の①〜⑦に示すような ICT の利用環境の整備を行って，教職員や児童生徒が ICT を持続して活用できる状態（ステップ 3）に達するように準備する。

①自治体，教育委員会，各学校の ICT 推進体制の構築

　ICT 環境を導入・整備する自治体（都道府県や市町村）と教育委員会が連携して推進体制を作る。各学校においても ICT 環境の整備や活用推進のための組織を作り，活動する。

②基本ソフトウェアと機種，ソフトウェア，デジタル教科書・教材の選定・導入

　基本ソフトウェア（Windows OS，Chrome OS，iPadOS）と機種の選定，教育用・校務用ソフトウェアの導入，**学習者用デジタル教科書**やデジタル教材を選定し，学習者用 PC にインストールする。

③ICT 活用指導力向上のための教職員研修

　教育委員会が主催して実施する悉皆の研修，校内で実施する研修，自主研修など，様々な機会で ICT 活用指導力の向上を図る。

④ICT 活用のための教育関係の規則や規程等の改訂，整備

　学習データの取扱いなど，規則や規程を ICT 活用が円滑に行われるように改訂・整備する。教育情報セキュリティポリシーに関するガイドラインなど関係する諸規則を整備する。

⑤学習者の利用者 ID の作成，情報モラル・セキュリティ教育，児童生徒の健康への配慮

⑥保護者や地域等に対する理解促進のための広報

⑦ICT 環境の円滑かつ継続的な利用のための運用プランと改善の継続

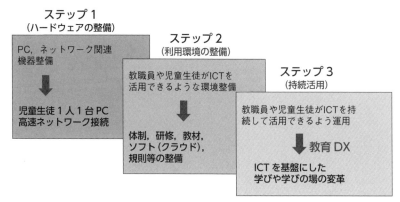

図 7-14　教育の情報化推進のための 3 ステップ

OECDの**国際教員指導環境調査**（TALIS）の2018年の調査[10]では，日本の小・中学校教員の仕事時間は，週当たり小学校教員は54.4時間（参加15か国の平均は40.6時間），中学校教員は56時間（参加48か国の平均は38.3時間）であり，小・中学校とも参加国中で最も長く，国際的に見て日本の教員の勤務時間は非常に長いことがわかる。

このような状況を受けて，中央教育審議会は2016年「**チームとしての学校**の在り方と今後の改善方策について」[11]を答申した。日本の教員は，授業，学級経営，生徒指導など教員が行うことが期待されている本来的な業務に加え，子どもの心理的サポート，部活動の指導，学校図書館業務，ICT機器管理など多様な業務を行っている。さらに，学習指導要領の改訂で，小学校段階からプログラミング教育や英語教育の導入，1人1台端末を生かした新たな学び，「主体的・対話的で深い学び」への対応等，新たな教育課題のための業務が加わり，教員の負担軽減のための支援体制の構築が喫緊の課題になっている。

そこで，図7-15に示すように，教員の本来的な業務（授業や生徒指導等）以外の業務に，スクールカウンセラーや学校司書，ICT支援員など地域の専門スタッフやサポートスタッフがチームとして携わり，教員が本来的な業務に専念できる教育環境の実現が提案された。

チームとして学校のICT環境の整備・運用に携わる人材としては，図7-16に示すように，学校のICT環境の維持・管理や授業支援を行う**ICT支援員**，ICT環境整備の初期対応に携わる**GIGAスクールサポーター**や，ICT環境整備計画に助言等を行う**ICT活用教育アドバイザー**が挙げられる。

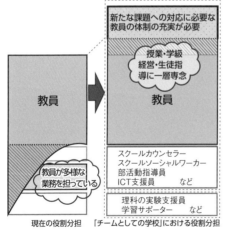

中央教育審議会：「チームとしての学校の在り方と今後の改善方策について（答申）」[11]掲載の図を基に作成

図7-15 「チーム学校」による教員支援

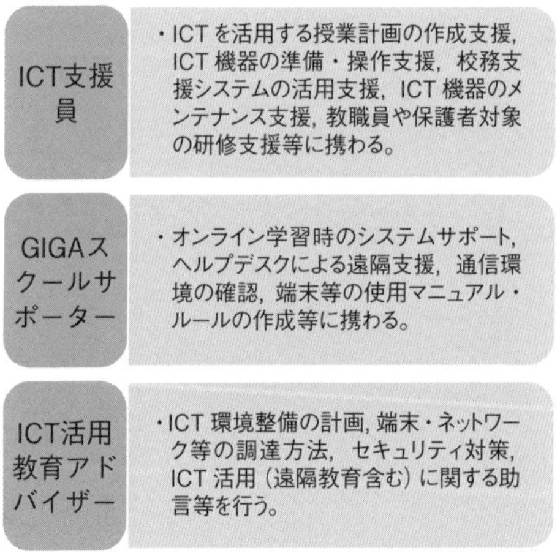

ICT支援員	・ICTを活用する授業計画の作成支援，ICT機器の準備・操作支援，校務支援システムの活用支援，ICT機器のメンテナンス支援，教職員や保護者対象の研修支援等に携わる。
GIGAスクールサポーター	・オンライン学習時のシステムサポート，ヘルプデスクによる遠隔支援，通信環境の確認，端末等の使用マニュアル・ルールの作成等に携わる。
ICT活用教育アドバイザー	・ICT環境整備の計画，端末・ネットワーク等の調達方法，セキュリティ対策，ICT活用（遠隔教育含む）に関する助言等を行う。

図7-16 学校のICT環境整備・運用を支える人材

ICT支援員は，教育の情報化を支える外部専門人材であり，学校を訪問してICTを活用する授業計画の作成支援，ICT機器の準備・操作支援，校務支援システムの活用支援，ICT機器のメンテナンス支援，教職員や保護者対象の研修支援等に携わっている。したがって，ICT支援員は，専門的なICTの知識やスキルの習得はもちろん，学校運営に関する基礎的な知識や，支援を行う教職員や児童生徒について理解し，円滑なコミュニケーションを行うことができる資質や能力が求められる。

ICT支援員は，教育委員会が雇用あるいは委託して各学校に派遣される場合が多く，国は4校に1人の水準で配置するよう示している。人材としては，学校でのICT支援を希望する地域在住者や，専門業者からの派遣である場合が多く，ICT支援を希望する大学生や大学院生がサポーターとしてその役割を果たす場合もある。

【事例】A大学の情報教育支援士養成講座でのICT支援人材の育成と派遣

A大学では，2007年から学校の情報教育を支援する情報教育支援士の養成を行っている。小・中・高等学校及び生涯学習の現場で行われる情報教育の支援を行うとともに，学校のコンピュータや情報ネットワークの管理・運用等の支援を行う。図7-17に示すように，地域の教育委員会や情報関連企業と連携して，情報教育等の支援に関する人材の養成と雇用の創出を促している。

この養成講座は一般社会人を対象に開講しており，開講科目の8科目（全200時間）において一定以上の成績を修めた受講者には，A大学独自の情報教育支援士の称号とともに，学校教育法で定める履修証明制度を適用して「履修証明」を授与している。

情報教育支援士養成講座の修了者は，有志で地元の小・中学校を中心に情報教育の支援活動を行っている。また，この養成講座の「情報教育支援実習」の講師として受講者とともに学校を訪問し，学校のICT環境の整備やプログラミング等の情報教育の支援活動を行っている。

近年，教育の情報化を支援する人材の養成が求められていることから，2017年度からは，遠隔地からオンラインで受講できるように環境を整備し，全国から受講者を受け入れている。

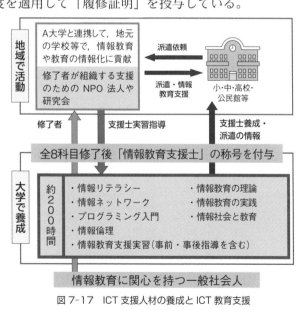

図7-17　ICT支援人材の養成とICT教育支援

　GIGA スクール構想で児童生徒「1 人 1 台端末」での学びや，教員が ICT を持続的かつ円滑に活用していくには，運用面の支援の更なる強化が求められている。ICT 支援員等の専門人材を学校に派遣する取り組みも行われているが，4 校に 1 人体制であるため，急を要する ICT のトラブルの解決に対応することは難しい。また，児童生徒が端末を家庭に持ち帰った後のトラブルにも対応することはできない。そこで，ICT 支援員などの「人」による支援に加え，「組織」を中心とした広域的な支援体制を整備することで，より安定的な支援基盤の構築を目指す。

　具体的な取り組みとして「**GIGA スクール運営支援センター**」の整備[12] がある。この支援センターは，ICT 環境の運用で生じるトラブル等に対応するヘルプデスクの開設及びサポート対応，ネットワーク点検や障害緊急対応，休日長期休暇中のトラブル対応などを行う。民間事業者に委託して設置し，学校や市町村単位を超えて広域で ICT 活用を運用面でサポートする体制を整える。

【事例】民間事業者による広域的な ICT 運用サポート体制の取り組み

> 　佐賀県立高等学校では，2014 年の入学生から 1 人 1 台の PC を活用した学習を全国に先駆けて開始している。佐賀県に本社を構える A 社は，ICT 支援員を派遣する取り組みを始めると共に，ヘルプデスクを開設して，学校現場や ICT 支援員では解決が難しいような ICT 機器やネットワークの障害に対して，遠隔から復旧あるいは出張して復旧を行う体制を整えている。また，ICT に関するトラブル対応のノウハウを「FAQ」としてWeb ページに公開したり，障害復旧支援システムを提供して，学校や ICT 支援員が利用できるような体制を整えている。

　GIGA スクール構想は，支援する Web サイトも充実している。図 7-18 に示す「StuDXStyle」[13] では，教員と子ども，子ども同士，学校と家庭，職員同士がつながる ICT 活用の工夫，各教科等での ICT 活用事例，STEAM 教育（→ p.50）等の教科等横断的な学習の事例など，ICT 活用の好事例を多数紹介している。また，経済産業省による「未来の教室」[9] では，テクノロジーを用いて教育を支援する仕組みの EdTech（エドテック）を活用した新しい学び方や，学校の働き方改革に資する ICT による業務改善等の好事例を紹介している。

図 7-18　教育の情報化の推進を支援する Web サイト

章末問題

(1) 学校の校務には，どのような種類があるか。自分が目指す学校種別（小中高）の一般的な例について項目と内容を書きなさい。

(2) 校務支援システムを統合することの利点を書きなさい。

(3) 校務の見直しを行う目的と留意点について書きなさい。

(4) 統合型校務支援システムの導入について留意すべきことを書きなさい。

(5) 統合型校務支援システムの活用について留意すべきことを書きなさい。

(6) OECD の学習到達度調査（PISA）で行われた「生徒の学校・学校外における ICT 利用」の調査結果から，日本の子どもの ICT 利用の傾向について答えなさい。

(7) GIGA スクール構想では，どのような ICT 環境の整備が行われているか答えなさい。また，そのような ICT 環境の整備でどのような学びの変革を目指しているか，答えなさい。

(8) ICT 活用の推進で，どのような外部人材等の支援が行われているか説明しなさい。

参考文献

1) 日本電子出版協会：「学校デジタル図書館特設」
   https://www.jepa.or.jp/digitallibrary/
2) 文部科学省：「統合型校務支援システムの導入のための手引き」，2017 年
3) 国立教育政策研究所：「OECD 生徒の学習到達度調査 2018 年調査（PISA2018）のポイント」，2019 年
4) 文部科学省：「平成 30 年度学校における教育の情報化の実態等に関する調査結果」，2019 年
5) 文部科学省：「2018 年度以降の学校における ICT 環境の整備方針」，2017 年
6) 文部科学省：「GIGA スクール構想の実現について」
7) 文部科学省：「2020 年代に向けた教育の情報化に関する懇談会」最終まとめ，2016 年
8) 総務省：「教育現場の課題解決に向けたローカル 5G の活用モデル構築について」
9) 経済産業省：「未来の教室」
10) 国立教育政策研究所編：「教員環境の国際比較：OECD 国際教員指導環境調査（TALIS）2018 報告書［第 2 巻］－専門職としての教員と校長－」，明石書店，2020 年
11) 文部科学省：「チームとしての学校の在り方と今後の改善方策について（答申）」，2016 年
12) 文部科学省：「GIGA スクール運営支援センター整備事業」，2021 年
13) 文部科学省：「StuDX Style」

※URL については，2022 年 11 月アクセス

第 8 章

遠隔・オンライン教育

この章では，遠隔・オンライン教育の意義や分類について説明したのち，遠隔教育に関連するシステム，GIGA スクールで利用されているサービスの概要について述べる。また，オンライン教育での利用，オンライン学習の学びの実践事例について述べる。

1節 遠隔・オンライン教育の意義と分類

1. 遠隔・オンライン教育の意義

学校教育において，ICT を活用して，距離に関わりなく相互に情報の発信・受信のやり取りができる（双方向性を有する）教育が推進されてきており，遠隔システムを活用した**同時双方向型**で行う教育のことを**遠隔教育**という。遠隔システムを効果的に活用した教育を取り入れることにより，児童生徒が多様な意見に触れ，様々な体験を積む機会が増えることになり，教育の質の向上につながることが期待されている[1]。

具体的な活動としては，「海外の学校と接続するなど多様な人々とコミュニケーションを図ることができる」，「外部の専門家から講義を受けるなどによって教科の学びを深めることができる」，「病気療養中の児童生徒の状況に応じた教育を行うことができる」などがあり，様々な教育的価値がある。このように，同時双方向で学校同士をつないだ合同授業，専門家の活用などを行う授業，授業の一部や家庭学習等において，学びをより効果的にする動画等の素材を活用することを遠隔・オンライン教育（以下，**オンライン教育**，もしくは，**オンライン学習**）という。

さらに，GIGA スクール構想，小学校，中学校及び高等学校において 1 人 1 台の端末環境[※1]が整備され，学校教育を支える基盤的なツールとして活用できる ICT 環境が整ってきている。各学校において，ICT 環境を有効に活用することにより，児童生徒等の発達の段階に応じたオンライン教育を実施し，質の高い教育を行うようにしていかなければならない[2]。また，新型コロナウイルス感染症の事例だけでなく，その他の感染症，災害の発生時等の非常時など，やむを得ず学校に登校できない児童生徒の学びを保障していかなければならない。

そして，児童生徒に寄り添う質の高い教育を実現するためには，「時間・場所・教材等が限られた学び」を，同時双方向，オンデマンド教材（動画），デジタル教材等をハイブリッドに活用して，「時間・場所・教材等が制約されない，**個別最適な学びや協働的な学び**」を実現していく必要がある。

なお，オンデマンドは，利用者の要求に応じて，サービスなどを提供する方式のことである。

※1　BYOD による 1 人 1 台端末環境という。Bring Your Own Device の略。

オンデマンド型では，インターネット上に講義の資料や動画などを配信し，学習者が好きな時間に学習できる環境を提供する。一方，**リアルタイム型**では，Web 会議システムや TV 会議システムを利用して，ライブで講義などを提供する。前者のオンデマンド型は非同期型，後者のリアルタイム型は同期型であり，両者を組み合わせた方式が**ハイブリッド型**である。

　学校におけるオンラインを活用した個別最適な学び等の支援には，次のようなものがある。

・学習進度の早い児童生徒には，主体的に発展的な学習に取り組む機会を提供する。

・学習の遅れの見られる児童生徒には，より重点的に指導を行う。

・児童生徒同士による学び合い，教え合いの機会を設ける。

　また，オンラインを利用して国内外の社会的・文化的な教育資源を活用した教育を展開できるようにするためには，充実した学習コンテンツを活用できる環境整備に取り組む必要がある。学習コンテンツのサイトや企業，大学，研究機関等の外部人材の活用には，次のようなものがある。

・プログラミングに関する学習において，外部の専門家と連携して指導する。

・外国語に関する学習において，デジタル教材を活用する。

・海外の児童生徒とコミュニケーションを図ることを通して指導する。

・オンラインを活用した他校の授業との連携を行う。

　なお，教員は，オンライン教育の実現に当たっては，同時双方向，オンデマンド教材（動画），デジタル教材等をハイブリッドに活用するとともに，児童生徒の学習履歴等を活用することによって，学習の状況を把握していく必要がある。

　また，不登校児童生徒，病気療養児に対する学びの保障については，1人1台の端末を活用し，自宅や病室等で行うオンラインを活用した学習（同時双方向での授業配信やオンデマンド動画等を活用した学習）を活用していく必要がある。なお，その際，オンラインを活用した学習については，一定の要件の下で出席扱いとし，学習の成果を評価に反映することも必要である。

2.　遠隔教育の分類

　遠隔教育は，次のような**合同授業型，教師支援型，教科・科目充実型**の3つの類型に区分される[1]。

・合同授業型授業

　免許状を有する教師が，それぞれが指導する複数の教室をつないで授業を行う。

・教師支援型授業

　免許状を有する教師が行う授業であり，授業中に遠隔から外部人材等の専門家が協働して授業を行う。

・教科・科目充実型授業

　高等学校段階で，配信を受ける学校の教師が立会いのもと，免許状を有する教師が遠隔から授業を行う。なお，この場合，授業を受信する高等学校の教師は，当該の免許状を所有していなくてもかまわない。

さらに，「遠隔教育システムの効果的な活用に関する実証」では，遠隔教育を実施する目的，接続先等を基に，12パターンに分類している[3)]。

表8-1　遠隔教育の類型と分類

遠隔教育の類型	遠隔教育の分類
合同授業型	A　多様な人々とのつながりを実現する遠隔教育 A1　遠隔交流学習 A2　遠隔合同授業
教師支援型	B　教科等の学びを深める遠隔教育 B1　ALTとつないだ遠隔学習 B2　専門家とつないだ遠隔学習 B3　免許外教科担任を支援する遠隔授業
教科・科目充実型	B4　教科・科目充実型の遠隔授業
その他	C　個々の児童生徒の状況に応じた遠隔教育 C1　日本語指導が必要な児童生徒を支援する遠隔教育 C2　児童生徒の個々の理解状況に応じて支援する遠隔教育 C3　不登校の児童生徒を支援する遠隔教育 C4　病気療養中の児童生徒を支援する遠隔教育
	D　家庭学習を支援するオンライン学習
	E　遠隔教員研修

○A　多様な人々とのつながりを実現する遠隔教育

他の学校とつないで合同で授業を行うことで，協働して学習に取り組んだり，多様な意見や考えに触れたりする機会の充実を図る。

・A1）　遠隔交流学習

離れた学校とつなぎ児童生徒同士が交流し，互いの特徴や共通点，相違点などを知り合う。

・A2）　遠隔合同授業

他校の教室とつないで継続的に合同で授業を行うことで，多様な意見に触れたり，コミュニケーション力を培ったりする機会を創出する。

○B　教科等の学びを深める遠隔教育

遠方にいる講師が参加して授業を支援することで，自校だけでは実施しにくい専門性の高い教育を行う。

・B1）　ALTとつないだ遠隔学習

他校等にいるALTとつないで，児童生徒がネイティブな発音に触れたり，外国語で会話したりする機会を増やす。

・B2）　専門家とつないだ遠隔学習

博物館や大学，企業等の外部人材とつなぎ，専門的な知識に触れ，学習活動の幅を広げる。

・B3）　免許外教科担任を支援する遠隔授業

免許外教科担任や臨時免許を有する教員が指導する学級と，当該教科の免許状を有する教員やその学級をつなぎ，より専門的な指導を行う。

・B4　教科・科目充実型の遠隔授業

高等学校段階において，学外にいる教員とつなぐことで，校内に該当免許を有する教員がいなくても，多様な教科・科目を履修できるようにする。

○C　個々の児童生徒の状況に応じた遠隔教育

特別な配慮を必要とする児童生徒や，特別な才能を持つ児童生徒に対して，遠方にいる教員等が支援することで，それぞれの状況に合わせたきめ細かい支援を行う。また，1人1人の児童生徒がそれぞれ教員等とつながることで，それぞれの興味関心に寄り添った指導を行う。

・C1)　日本語指導が必要な児童生徒を支援する遠隔教育

外国にルーツを持つ児童生徒等と日本語指導教室等をつなぎ，日本語指導の時間をより多く確保する。

・C2)　児童生徒の個々の理解状況に応じて支援する遠隔教育

個々の児童生徒と学習支援員等を個別につなぎ，児童生徒の理解状況に応じて，学習のサポートを行う。

・C3)　不登校の児童生徒を支援する遠隔教育

自宅や教育支援センター等と教室をつないで，不登校の児童生徒が学習に参加する機会を増やす。

・C4)　病気療養中の児童生徒を支援する遠隔教育

病室や院内分教室等と教室をつないで，合同で授業を行うことで，孤独感や不安を軽減する。

○D　家庭学習を支援するオンライン学習

感染症や災害等の非常時においても，家庭と学校をつないで学習支援を行うことで，児童生徒が学習する機会を保障する。

○E　遠隔教員研修

教員研修をオンラインで実施することで，教員の負担軽減や業務効率化を行う。

なお，**遠隔教育の接続形態**は，接続する単位や接続先（誰とつなぐか）によって，教室－教室接続型，講師－教室接続型，学習者－学習者接続型，講師－学習者接続型の4通りに分けられる。ただし，接続する目的・場面によって，1単位時間の授業の中で複数の接続形態を組み合わせることもある。遠隔教育の接続形態は，接続単位（教室全体でつなぐ，個々の児童生徒やグループ単位でつなぐ）によって，表8-2，表8-3のように，まとめることができる。

表8-2　遠隔教育の接続形態（教室全体でつなぐ場合）

接続形態	接続先	内　容
教室－教室接続型	他校の児童生徒	各校の教室同士がつながる接続形態である。両校の児童生徒同士で学び合う遠隔教育の場合に，このような接続形態がとられる。
講師－教室接続型	講師	講師と教室とがつながる接続形態である。

表 8-3　遠隔教育の接続形態（個々の児童生徒やグループ単位でつなぐ場合）

接続形態	接続先	内　容
学習者－学習者接続型	他校の児童生徒	児童生徒（個人やグループ）が，他校の児童生徒と個別につながる接続形態である。児童生徒同士で話し合う場合などに，このような形態がとられる。
講師－学習者接続型	講師のみ	児童生徒（個人やグループ）が，講師と個別につながる接続形態である。複数の児童生徒が複数の講師と同時に接続する場合もある。

◉COLUMN　高等学校における教科・科目充実型の遠隔授業

　2015（平成 27）年 4 月から，全日制・定時制課程の高等学校における遠隔授業が可能となった。従来は，生徒数や地理的な要因により，当該免許を持った教員がいない高等学校では，教科，科目を開設できない状況であった。しかし，平成 27 年度より，高等学校で当該免許を持った教員がいなくても，遠隔授業で教科・科目を開設し，幅広い教育を提供できるようになった。このことにより，先進的な内容の学校設定科目や相当免許状を有する教員が少ない科目（第二外国語等）の開設，小規模校等における幅広い選択科目の開設等，学校の創意工夫を生かすための裁量や生徒の選択の幅（多様性）を広げることが可能となった。

　また，文部科学省は，2021（令和 3）年 2 月に，「高等学校等における遠隔教育の実施に係る留意事項について（通知）」を出し，高等学校段階における遠隔教育の一層の推進を図る観点から，高等学校等における遠隔教育の実施に係る留意事項の改正（表 8-4）[4]を行うことになった。

表 8-4　高等学校等における遠隔教育の実施に係る留意事項

主な要件・留意事項（改正前）	主な要件・留意事項（改正後）
○修得単位数関係 　卒業までに必要な単位数（74 単位以上）のうち，遠隔教育による修得単位数は 36 単位まで。 ○対面授業の必要時間数関係 　対面により行う授業を，各教科・科目等の特質に応じた相当の時間数を行うこと。 （例） ・国語総合（4 単位）の場合は，4 単位時間 ・数学Ⅰ（3 単位）の場合は，3 単位時間 ・コミュニケーション英語Ⅰ（3 単位）の場合は，12 単位時間　等	○単位数算定の弾力化 　遠隔授業を活用して修得する単位のうち，主として対面により授業を実施するものは，36 単位までとされる単位数に含める必要はないこととする。 ⇒卒業までの全ての授業の中で，その一部に遠隔授業を取り入れることが可能となる。 ○対面授業の必要単位数の見直し 　年間 2 単位時間以上を確保しつつ，各教科・科目等の特質を考慮して各学校で柔軟に設定可能とする。 ＊1 単位科目は年間 1 単位時間以上でも可

「高等学校等における遠隔教育の実施に係る留意事項について（通知）」を基に作成

2節 遠隔教育システムとオンライン学習での学び

1. 遠隔教育システム

　遠隔教育システムには様々な種類があり，「遠隔教育システムの効果的な活用に関する実証」[3]では，下記に示すような遠隔教育システム（Web 会議システムやビデオ会議システム）が利用されている。なお，遠隔教育を行うには，遠隔会議システム以外にも，マイク，スピーカー，大型提示装置，カメラ，情報端末，情報通信ネットワークなど，ICT 機器や環境が必要となる。

・Web 会議システム

　FaceTime, Google Meet, LiveOn, MeetingPlaza, Microsoft Teams, Skype, SkyWay, Tencent VooV Meeting, Vidyo, WeChat, xSync Prime Collaboration, Zoom

・ビデオ会議システム

　Panasonic HD コム, Poly RealPresence Group, RICOH Unified Communication System, SONY HD ビデオ会議システム

　また，GIGA スクールでは，ハードウェアであるパソコンやタブレットとしては，Microsoft の Windows パソコンや Surface, Google の Chromebook, Apple の iPad などが用いられ，ソフトウェアとしては，Microsoft や Google のクラウドサービスである「Teams for Education」[5] や「Google for Education」[6] などが利用されている。以下では，これらのクラウドサービスの概要を述べる。

○ Teams for Education

　Teams for Education は，Microsoft が提供している教育機関向けのクラウドサービスであり，企業向けに提供し普及している Teams を教育機関向けにカスタマイズし，オンライン教育に使えるようにしたものである。

　Teams for Education は，オンライン教育に必要な様々な機能を一つにまとめたもので，コミュニケーションをとるためのチャット，遠隔授業を行うための Web 会議，授業や課題で利用する資料などのファイル共有，課題や成績の管理，学校の行事や授業を管理・共有する予定表などを利用できる。

　Microsoft 365（Office 365）というクラウドサービスの一部として提供されているので，GIGA スクールでは，パソコンと一緒に導入されていることも多い。Office のアプリケーションとしては，Outlook（メールの送受信），Word（文書作成），Excel（表計算），PowerPoint（プレゼン資料作成），OneNote（デジタルノート）があり，それ以外に，OneDrive（オンラインストレージ），SharePoint（ドキュメント共有），Teams（Web 会議など），Sway（レポート，プレゼン資料などの作成），Forms（アンケート，テスト作成）などのサービス（アプリ）を利用できる。

○ Google for Education

Google for Education は，Google が提供している教育機関向けのクラウドサービスであり，ハードウェアは，Chromebook，ソフトウェアは，Google Classroom をはじめとした，様々なアプリケーションである Google Workspace for Education が用意されており，教育機関へ無料で提供されている。

Google Workspace for Education では，Google ドキュメント（文書作成），Google スプレッドシート（表計算），Google スライド（プレゼン資料作成），Google Meet（Web 会議），Google フォーム（アンケート，テスト作成），Google ドライブ（オンラインストレージ），Jamboard（デジタル黒板），Gmail（メールの送受信），Google サイト（Web ページの作成），Google グループ（メーリングリストの作成），Google カレンダー，などのサービス（ソフトウェア）を利用できる。Google Classroom は，「ストリーム」（掲示板の機能），「授業」，「メンバー」，「採点」のタブがある。授業資料や課題などの配布，課題の提出，質問など，授業に係る様々な機能を持っている（下図参照）。

○ Web 会議システム

GIGA スクールで，よく利用されている Web 会議システムとしては，Microsoft の Teams，Google の Google Meet，そして，Zoom[7] などがある。Zoom は，Zoom のアプリをインストールすると利用できる。時間の制約はあるものの無料で簡単に利用できるので個人的な利用も多い。これらの Web 会議システムでは，Web カメラを使ったコミュニケーション機能，文字を使ったコミュニケーションであるチャット機能，参加者の表示画面共有機能，会議内容の録画機能などがある。Web 会議システムは，バーチャル背景の設定などの機能もあり，児童生徒にも簡単に利用できる。

また，Web 会議の画面上では，授業を円滑に進めるために，「ミュート」（音声の有無），「ビデオの停止」（Web カメラでの動画送信の有無）などの設定変更ができる。画面共有機能を利用して資料共有，チャットにより資料提示なども行える。なお，「ブレークアウトセッション」（グループ分け機能）を利用することにより，グループでの学習活動を行うことが可能となる。

図 8-1 に示した「オンライン教材を活用した学びのデザイン」では，オンデマンド教材と学習管理システム（LMS）等を組み合わせて，個別最適な学びの充実を図ることができる[8]。

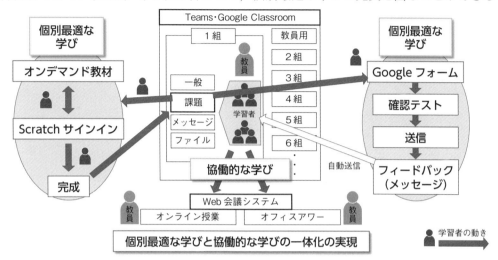

図 8-1　オンライン教材を活用した学びのデザイン

オンデマンド教材は，視聴する時間帯・速度・回数など個々の学習者に応じて自由に設定できるため，対面授業にはない学習成果が得られ，個別最適な学びが期待できる。さらに，LMS や Web 会議システムと組み合わせて，学習のステップごとの確認テストを実施し，知識及び技能の理解度のチェックや評価及びフィードバックを実施する。クラスでの意見交換や相互評価及び協働学習にも利用できるため，協働学習との一体化を図ることができる。

オンラインツールを活用すると学習履歴やログが指導と同時に記録されるため，学習者の行動分析や個々の評価に利用できる。例えば Google フォームの活用では，確認テストによる学習評価とフィードバック，相互評価や自己評価，学習履歴から学習者のつまずきや意欲低下や課題の提出状況などを確認できるため，学習指導とその評価の一体化が期待できる。

また，オンデマンド教材では学習者の閲覧履歴から，視聴回数と再生速度，視聴時間，視聴に使ったデバイス等の記録が残るため，それらを分析することで，学習者に対する評価への利用だけでなく，教材の作成方法や内容を検討するなど教材開発にも利用できる。

このように，図 8-1 に示したオンライン学習においては，オンデマンド教材と Google フォームの確認テストの組み合わせやメールによる個別指導などの個別最適な学びと，クラス内での Web 会議システムを利用した一斉授業やチャットや掲示板機能を利用した意見交換による協働的な学びの一体化が実現できる。オンデマンド教材利用時に学習者が困ったことについては「分からないときにすぐに教えてくれる人がいない」という意見が多数あり，学びをデザインする上でどのように支援するか等の工夫が必要である。オンライン授業だけでなく対面授業でも活用できる。これらは指導者の学びのデザインによるもので，オンライン教材を取り入れた指導力の向上と充実が一層必要となる。表 8-5 に具体的な実践例を示した。

表 8-5　プログラミング単元におけるオンライン学習の学びのデザイン実践例[8]

学習場面	A1（Zoom による画面共有，対面授業も可），B1（オンデマンド教材視聴と確認問題），B3（実行によるシミュレーション，動画教材），B4（作品の表現），B5（家庭学習）
対象	高校 1 年生（小学校 5 年生〜利用可能な初心者向け教材）
教科等	プログラミング教育の単元（小学校，中学校技術家庭，高等学校情報）
課題内容	Scratch 課題の作成と提出と確認テストの実施（10 段階），期間設定（3 週間） 必修課題（全員対象）と発展課題（希望者対象）を用意する。
学習活動	①課題の説明，Scratch[9] サインインと基本操作説明 ②動画視聴＋課題作成と提出＋確認テストの実施を 10 段階繰り返す ③教員による提出課題の確認とフィードバック（Teams 上で実施） ④定期的な一斉学習（オンラインまたは対面）を実施し，個々の質問や提出課題の成果をクラス全体で共有する。 ⑤つまずきの多い生徒のフォロー（個別にメッセージやメール機能を利用） （設定期間内で①から⑤を繰り返す）
準備教材	オンデマンド教材（10 段階：ICT 活用教育研究所「初めてのスクラッチプログラミング」[10]），Google フォームによる確認テスト（10 段階），Web 会議システムの授業設定，Teams・Google Classroom 等（課題の提出とフィードバック），個別指導用メールアドレス

◉COLUMN　著作権法第 35 条とオンライン学習

　遠隔授業等のニーズに対応するため，2020 年 4 月 28 日に「改正著作権法第 35 条」が施行され，「授業目的公衆送信補償金制度」[11] がスタートした。

　ICT 活用教育での著作物利用の円滑化を図るため，これまで個別に権利者の許諾を得ることが必要だったオンデマンド型の遠隔授業などでの公衆送信についても，教育機関の設置者が補償金を支払うことで，無許諾で利用可能になった。学校等の教育機関の授業で，予習・復習用に教員が他人の著作物を用いて作成した教材を生徒の端末に送信したり，サーバにアップロードしたりすることなどが，授業の過程で利用するために必要と認められる限度において，個別に権利者の許諾を得ることなく利用できる。ただし，必要と認められる限度内の利用であっても，著作権者や著作隣接権者の利益を不当に害することは，この制度の対象外である。

章末問題

(1) オンデマンド（非同期）型，リアルタイム（同期）型の学習環境のメリット，デメリットについて，まとめなさい。
(2) 「Microsoft Teams」には，どのような機能があるのか調べて，まとめなさい。
(3) 「Google Classroom」には，どのような機能があるのか調べて，まとめなさい。
(4) オンライン学習用教材として，計画した学習内容の 5 分程度のオンデマンド教材（例えば，PowerPoint を利用）を作成しなさい。
(5) 学習内容を確認するための確認テストをフォーム（例えば，Google フォーム）を利用して作成し，学習者へ瞬時にフィードバックできるように設定や構成をしなさい。

参考文献

1) 文部科学省：「遠隔教育の推進に向けた施策方針」，2018 年
2) 文部科学省：「教育現場におけるオンライン教育の活用」，2021 年
3) 文部科学省：「遠隔ガイドブック第 3 版（令和 2 年度 遠隔教育システムの効果的な活用に関する実証)」，2021 年
4) 文部科学省：「高等学校等における遠隔教育の実施に係る留意事項について（通知)」
5) Microsoft Teams：
   https://www.microsoft.com/ja-jp/microsoft-teams/group-chat-software
6) Google for education Google Classroom：
   https://edu.google.co.jp/intl/ALL_jp/workspace-for-education/classroom/
7) Zoom：
   https://explore.zoom.us/ja/products/meetings/
8) 佐藤万寿美：「学習者の実態に応じたプログラミング学習における学びのデザイン-行動変容分析による個別最適な学びと協働的な学び-」，日本情報科教育学会第 15 回全国大会論文集，2022 年
9) Scratch：https://scratch.mit.edu/
10) 山本恒：「初めてのスクラッチプログラミング」，ICT 活用教育研究所，
    https://www.youtube.com/@ictlabo
11) 文化庁：「授業目的公衆送信補償金制度 周知用リーフレット」

※URL については，2022 年 11 月アクセス

付録1　教職課程コアカリキュラム

　教職課程コアカリキュラムは，教員養成の全国的な水準を確保するために，すべての大学の教職課程で共通して修得すべき資質能力を明確化したものである。

　表1は，小学校における小学校教諭の普通免許状を取得する場合の教科及び教職に関する科目，及び各科目に含めることが必要な事項と修得が必要な単位を示している。

表1　小学校および中学校教諭の普通免許状の取得のための教科及び教職に関する科目と単位

教科及び教職に 関する科目	各科目に含めることが必要な事項	専修免許状	一種免許状	二種免許状
教科及び教科の 指導法に関する科目	教科に関する専門的事項	30 (28)	30 (28)	16 (12)
	各教科の指導法（情報通信技術の活用を含む。）			
教育の基礎的理解に 関する科目	教育の理念並びに教育に関する歴史及び思想	10 (10)	10 (10)	6 (6)
	教職の意義及び教員の役割・職務内容（チーム学校運営への対応を含む。）			
	教育に関する社会的，制度的又は経営的事項（学校と地域との連携及び学校安全への対応を含む。）			
	幼児，児童及び生徒の心身の発達及び学習の過程			
	特別の支援を必要とする幼児，児童及び生徒に対する理解			
	教育課程の意義及び編成の方法（カリキュラム・マネジメントを含む。）			
道徳，総合的な学習の時間等の指導法及び生徒指導，教育相談等に関する科目	道徳の理論及び指導法	10 (10)	10 (10)	6 (6)
	総合的な学習の時間の指導法			
	特別活動の指導法			
	教育の方法及び技術			
	情報通信技術を活用した教育の理論及び方法			
	生徒指導の理論及び方法			
	教育相談（カウンセリングに関する基礎的な知識を含む。）の理論及び方法			
	進路指導及びキャリア教育の理論及び方法			
教育実践に関する 科目	教育実習	5 (5)	5 (5)	5 (5)
	教職実践演習	2 (2)	2 (2)	2 (2)
大学が独自に 設定する科目		26 (28)	2 (4)	2 (4)

＊表1は，教育職員免許法施行規則第三条および四条に基づいて作成している（備考欄は省略）。専修，一種及び二種免許状の（　）内の
　数値は，中学校教諭の免許状取得のための単位である。

表2 高等学校教諭の普通免許状の取得のための教科及び教職に関する科目と単位

教科及び教職に 関する科目	各科目に含めることが必要な事項	専修免許状	一種免許状
教科及び教科の 指導法に関する科目	教科に関する専門的事項	24	24
	各教科の指導法（情報通信技術の活用を含む。）		
教育の基礎的理解に 関する科目	教育の理念並びに教育に関する歴史及び思想	10	10
	教職の意義及び教員の役割・職務内容（チーム学校運営への対応を含む。）		
	教育に関する社会的，制度的又は経営的事項（学校と地域との連携及び学校安全への対応を含む。）		
	幼児，児童及び生徒の心身の発達及び学習の過程		
	特別の支援を必要とする幼児，児童及び生徒に対する理解		
	教育課程の意義及び編成の方法（カリキュラム・マネジメントを含む。）		
道徳，総合的な学習の時間等の指導法及び生徒指導，教育相談等に関する科目	総合的な探究の時間の指導法	8	8
	特別活動の指導法		
	教育の方法及び技術		
	情報通信技術を活用した教育の理論及び方法		
	生徒指導の理論及び方法		
	教育相談（カウンセリングに関する基礎的な知識を含む。）の理論及び方法		
	進路指導及びキャリア教育の理論及び方法		
教育実践に 関する科目	教育実習	3	3
	教職実践演習	2	2
大学が独自に 設定する科目		36	12

＊表2は，教育職員免許法施行規則第五条に基づいて作成している（備考欄は省略）。

教職課程コアカリキュラムは，各科目に含めることが必要な事項（ただし，教科に関する専門的事項と教職実践演習を除く）ごとに，その事項を修得することによって学生が身に付ける資質能力を「全体目標」，全体目標をいくつかの内容のまとまりに分けた「一般目標」，一般目標に到達するために達成すべき個々の規準である「到達目標」が記されている。

　表3は，「情報通信技術を活用した教育の理論及び方法」のコアカリキュラムの全体目標，(1)〜(3)の一般目標，及び各到達目標を示している。

表3　「情報通信技術を活用した教育の理論及び方法」の全体・一般・到達目標

全体目標		情報通信技術を活用した教育に関する理論及び方法では，情報通信技術を効果的に活用した学習指導や校務の推進の在り方並びに児童及び生徒に情報活用能力（情報モラルを含む。）を育成するための指導法に関する基礎的な知識・技能を身に付ける。
(1)　情報通信技術の活用の意義と理論		
一般目標		情報通信技術の活用の意義と理論を理解する。
到達目標	1）	社会的背景の変化や急速な技術の発展も踏まえ，個別最適な学びと協働的な学びの実現や，主体的・対話的で深い学びの実現に向けた授業改善の必要性など，情報通信技術の活用の意義と在り方を理解している。
	2）	特別の支援を必要とする児童及び生徒に対する情報通信技術の活用の意義と活用に当たっての留意点を理解している。
	3）	ICT支援員などの外部人材や大学等の外部機関との連携の在り方，学校におけるICT環境の整備の在り方を理解している。
(2)　情報通信技術を効果的に活用した学習指導や校務の推進		
一般目標		情報通信技術を効果的に活用した学習指導や校務の推進の在り方について理解する。
到達目標	1）	育成を目指す資質・能力や学習場面に応じた情報通信技術を効果的に活用した指導事例（デジタル教材の作成・利用を含む。）を理解し，基礎的な指導法を身に付けている。
	2）	学習履歴（スタディ・ログ）など教育データを活用して指導や学習評価に活用することや教育情報セキュリティの重要性について理解している。
	3）	遠隔・オンライン教育の意義や関連するシステムの使用法を理解している。
	4）	統合型校務支援システムを含む情報通信技術を効果的に活用した校務の推進について理解している。
(3)　児童及び生徒に情報活用能力（情報モラルを含む。）を育成するための指導法		
一般目標		児童及び生徒に情報活用能力（情報モラルを含む。）を育成するための基礎的な指導法を身に付ける。
到達目標	1）	各教科，道徳，特別活動，総合的な学習の時間（以下「各教科等」という。）において，横断的に育成する情報活用能力（情報モラルを含む。）について，その内容を理解している。
	2）	情報活用能力（情報モラルを含む。）について，各教科等の特性に応じた指導事例を理解し，基礎的な指導法を身に付けている。
	3）	児童に情報通信機器の基本的な操作を身に付けさせるための指導法を身に付けている。※小学校教諭

表4は，「情報通信技術を活用した教育の理論及び方法」のコアカリキュラムと，シラバスに記載する授業計画の事例を示す。表4の学修項目(1)～(3)は，表3（p.122）に示す「情報通信技術を活用した教育の理論及び方法」のコアカリキュラムの内容のまとまりを示し，表4の1）～4）は，同コアカリキュラムの到達目標を表す。

表4　「情報通信技術を活用した教育の理論及び方法」のコアカリキュラムと授業計画例

情報通信技術を活用した教育の理論及び方法	学修項目 到達目標 授業回	(1)			(2)				(3)			授業計画例（シラバス案）
		1)	2)	3)	1)	2)	3)	4)	1)	2)	3)	各授業回の概要【本書で扱う章】
ICT活用の理論と実践（仮科目名）／授業科目名及び授業回	1	◎									○	ガイダンス，授業の意義と目標，教育の情報科の概要【1章，付録】
	2								○	○	○	情報活用能力の育成【2章】
	3				○				○	○	○	ICTを活用した教材開発と指導例【3章】
	4				○	○						教育データを活用した評価【4章】
	5					○				○		情報モラル教育【5章】
	6		◎		○						○	ICTを活用した特別支援教育【6章】
	7			◎		○		◎				校務の情報化とICT環境の整備【7章】
	8						◎				○	遠隔・オンライン教育【8章】

◎　←到達目標に係る授業を単独の授業回で行う場合

○　←到達目標に係る授業を複数の授業回にわたって行う場合

付録 2　教員の ICT 活用指導力チェックリスト

平成 30 年 6 月改訂

ICT 環境が整備されていることを前提として，以下の A − 1 から D − 4 の 16 項目について，右欄の 4 段階でチェックしてください。

	4 できる	3 ややできる	2 あまりできない	1 ほとんどできない

A　教材研究・指導の準備・評価・校務などに ICT を活用する能力

A − 1　教育効果を上げるために，コンピュータやインターネットなどの利用場面を計画して活用する。　4　3　2　1

A − 2　授業で使う教材や校務分掌に必要な資料などを集めたり，保護者・地域との連携に必要な情報を発信したりするためにインターネットなどを活用する。　4　3　2　1

A − 3　授業に必要なプリントや提示資料，学級経営や校務分掌に必要な文書や資料などを作成するために，ワープロソフト，表計算ソフトやプレゼンテーションソフトなどを活用する。　4　3　2　1

A − 4　学習状況を把握するために児童生徒の作品・レポート・ワークシートなどをコンピュータなどを活用して記録・整理し，評価に活用する。　4　3　2　1

B　授業に ICT を活用して指導する能力

B − 1　児童生徒の興味・関心を高めたり，課題を明確につかませたり，学習内容を的確にまとめさせたりするために，コンピュータや提示装置などを活用して資料などを効果的に提示する。　4　3　2　1

B − 2　児童生徒に互いの意見・考え方・作品などを共有させたり，比較検討させたりするために，コンピュータや提示装置などを活用して児童生徒の意見などを効果的に提示する。　4　3　2　1

B − 3　知識の定着や技能の習熟をねらいとして，学習用ソフトウェアなどを活用して，繰り返し学習する課題や児童生徒一人一人の理解・習熟の程度に応じた課題などに取り組ませる。　4　3　2　1

B − 4　グループで話し合って考えをまとめたり，協働してレポート・資料・作品などを制作したりするなどの学習の際に，コンピュータやソフトウェアなどを効果的に活用させる。　4　3　2　1

C　児童生徒の ICT 活用を指導する能力

C − 1　学習活動に必要な，コンピュータなどの基本的な操作技能（文字入力やファイル操作など）を児童生徒が身に付けることができるように指導する。　4　3　2　1

C − 2　児童生徒がコンピュータやインターネットなどを活用して，情報を収集したり，目的に応じた情報や信頼できる情報を選択したりできるように指導する。　4　3　2　1

C − 3　児童生徒がワープロソフト・表計算ソフト・プレゼンテーションソフトなどを活用して，調べたことや自分の考えを整理したり，文章・表・グラフ・図などに分かりやすくまとめたりすることができるように指導する。　4　3　2　1

C − 4　児童生徒が互いの考えを交換し共有して話合いなどができるように，コンピュータやソフトウェアなどを活用することを指導する。　4　3　2　1

D　情報活用の基盤となる知識や態度について指導する能力

D − 1　児童生徒が情報社会への参画にあたって自らの行動に責任を持ち，相手のことを考え，自他の権利を尊重して，ルールやマナーを守って情報を集めたり発信したりできるように指導する。　4　3　2　1

D − 2　児童生徒がインターネットなどを利用する際に，反社会的な行為や違法な行為，ネット犯罪などの危険を適切に回避したり，健康面に留意して適切に利用したりできるように指導する。　4　3　2　1

D − 3　児童生徒が情報セキュリティの基本的な知識を身に付け，パスワードを適切に設定・管理するなど，コンピュータやインターネットを安全に利用できるように指導する。　4　3　2　1

D − 4　児童生徒がコンピュータやインターネットの便利さに気付き，学習に活用したり，その仕組みを理解したりしようとする意欲が育まれるように指導する。　4　3　2　1

回答に当たって留意する事項 ある自治体の事例*

※現在活用（指導）できる環境にない方，今まで実際に活用（指導）する機会がなかった方においても，活用（指導）が必要な場面を想定してお答えください。

※選択肢の定義は以下のとおりとする。

A　教材研究・指導の準備・評価・校務などに ICT を活用する能力 （例A－3）

できる	質問項目について，おおむねできる。	ワープロソフト，表計算ソフトやプレゼンテーションソフトなどを活用し，授業に必要なプリントや提示資料，学級経営や校務分掌に必要な文書や資料などを作成することができる。
やや できる	質問項目中の ICT の活用方法がわかる。	ワープロソフト，表計算ソフトやプレゼンテーションソフトなどの操作方法がわかる。
あまり できない	校内研修等を受けなければ，操作することができない。	校内研修等を受ければ，ワープロソフト，表計算ソフトやプレゼンテーションソフトなどの操作方法がわかる。
ほとんど できない	操作などの基本的な内容から段階的に研修（校外研修を含む）を受けなければ，操作することができない。	ワープロソフト，表計算ソフトやプレゼンテーションソフトなどの操作方法がほとんどわからない。

B　授業に ICT を活用して指導する能力 （例B－1）

できる	学習活動において ICT を活用することができる。	コンピュータや提示装置などを活用して資料などを提示することで，児童生徒の興味・関心を高めたり，課題を明確につかませたり，学習内容を的確にまとめさせたりすることができる。
やや できる	実践事例集や手引きを見れば，ICT を活用することができる。	コンピュータや提示装置などを活用して資料などを提示することができる。
あまり できない	ICT を活用した指導方法について，校内研修等を受けなければわからない。	校内研修等を受ければ，コンピュータや提示装置などを活用して資料などを提示することができる。
ほとんど できない	ICT を活用した指導方法について，操作などの基本的な内容から段階的に研修（校外研修を含む）を受けなければわからない。	コンピュータや提示装置などを活用して資料などを提示する方法がほとんどわからない。

C　児童生徒の ICT 活用を指導する能力 （例C－1）

できる	質問項目について，おおむね指導することができる。	学習活動に必要な，コンピュータなどの基本的な操作技能（文字入力やファイル操作など）を児童生徒が身に付けることができるように指導することができる。
やや できる	実践事例集や手引き等を参考にすれば，指導することができる。	学習活動に必要な，コンピュータなどの基本的な操作技能（文字入力やファイル操作など）を知っている。説明できる。
あまり できない	校内研修等を受けなければ，指導することができない。	指導方法がわからないので，校内研修等が必要。
ほとんど できない	操作などの基本的な内容から段階的に研修（校外研修を含む）を受けなければ，指導することができない。	指導方法がわからないので，操作などの基本的な内容から段階的に研修（校外研修を含む）が必要。

D　情報活用の基盤となる知識や態度について指導する能力 （例D－1）

できる	質問項目について，おおむね指導することができる。	児童生徒が情報社会への参画にあたって自らの行動に責任を持ち，相手のことを考え，自他の権利を尊重して，ルールやマナーを守って情報を集めたり発信したりできるように指導する。
やや できる	実践事例集や手引き等を参考にすれば，指導することができる。	実践事例集や手引き等を見れば，児童生徒が情報社会への参画にあたって自らの行動に責任を持ち，相手のことを考え，自他の権利を尊重して，ルールやマナーを守って情報を集めたり発信したりできるように指導することができる。
あまり できない	校内研修等を受けなければ，指導することができない。	指導方法がわからないので，校内研修等が必要。
ほとんど できない	操作などの基本的な内容から段階的に研修（校外研修を含む）を受けなければ，指導することができない。	指導方法がわからないので，操作などの基本的な内容から段階的に研修（校外研修を含む）が必要。

*参考：https://www.pref.aomori.lg.jp/soshiki/kyoiku/e-gakyo/files/R2-checklist.pdf

●本書の関連データが web サイトからダウンロードできます。

https://www.jikkyo.co.jp/ で

「情報通信技術を活用した教育の理論および方法」を検索してください。

■編著

にしの かずのり
西野和典　大成学院大学 教授

■著

か の としはる
鹿野利春　京都精華大学 教授

さとう ますみ
佐藤万寿美　同志社女子大学 講師

たかはしさんきち
高橋参吉　NPO 法人 学習開発研究所 理事（代表）

たかはしともこ
高橋朋子　近畿大学 准教授

にしばたりつこ
西端律子　畿央大学 教授

本書に掲載された社名および製品名は，各社の商標または登録商標です。

本書に関するご質問，ご不明な点につきましては，書名，該当ページとご質問内容を明記のうえ，FAX または書面にてお送り願います。なお，ご質問内容によっては回答に日数をいただく場合がございます。また，本書で解説していない内容やソフトウェアの機能や操作方法に関するご質問にはお答えできませんので，あらかじめご了承ください。
FAX：03-3238-7717

●表紙デザイン──難波邦夫
●DTP 制作──株式会社四国写研

教職課程

情報通信技術を活用した
教育の理論および方法

2023 年 3 月 10 日　初版第 1 刷発行

●執筆者　西野和典　ほか 5 名（別記）
●発行者　小田良次
●印刷所　壮光舎印刷株式会社

●発行所　実教出版株式会社
〒102-8377
東京都千代田区五番町 5 番地
電話 ［営　業］（03)3238-7765
　　　［企画開発］（03)3238-7751
　　　［総　務］（03)3238-7700
https://www.jikkyo.co.jp/

無断複写・転載を禁ず

ISBN978-4-407-35841-4　C3037

Printed in Japan